## Zu diesem Buch

Die siebenjährige Petra kommt mittags aus der Schule. Ihre Mutter, halbtags außer Haus beschäftigt, hat sich mit dem Kochen beeilt. «Aber meine Tochter will immer gleich ins Wohnzimmer und SAT 1 oder RTL plus sehen.»

Und der sechsjährige Malte stellt schlichtweg fest: «Krieg ist geil», als ihn seine Eltern nach einem Diskussionsabend vor einem Fernsehfilm über den Widerstand in Afghanistan erwischen.

Eltern und professionelle Pädagogen stehen fassungslos vor der Fernsehflut, versuchen die Kinder vor dem Schwall gewaltsamer Bilder zu schützen und fragen sich: Wie sollen wir nur richtig mit den Kindern und ihrem Fernsehkonsum umgehen? Die Filme erzeugen doch wirklich Angst und Aggressionen. Oder?

Der Autor berät seit Jahren Eltern und Erzieherinnen, hat Hunderte von Gesprächen mit Kindern und Jugendlichen über ihren Fernsehalltag geführt, hat sie ihre Lieblingshelden und ihre Ängste malen lassen. So kann er viele typische Situationen vorstellen, die ein besseres Verständnis der kindlichen Fernsehgewohnheiten ermöglichen.

Auch Film- und Fernseherleben will gelernt sein. Dieses Buch liefert zahlreiche Anregungen für einen gelasseneren Umgang mit dem Medium. Damit das Fernsehen in Zukunft mit den Kindern gemeinsam genutzt werden kann, ohne davon abhängig zu werden.

DR. JAN-UWE ROGGE, Jahrgang 1947, ist verheiratet und hat einen Sohn. Er war wissenschaftlicher Angestellter und arbeitet als Medienforscher und in der Familienberatung.

Seit über zehn Jahren macht er Elternseminare und Fortbildung zu den Themen Familie und Medien sowie kindliche Ängste und Aggressionen.

Kontakte für Vorträge über untenstehende Adresse.

*Anregungen und Kritik bitte an folgende Adresse:*

Büro für wissenschaftliche Publizistik
Dr. Horst Speichert,
Teutonenstr. 32 b, 65187 Wiesbaden.

Hier erhalten Sie auch gegen Voreinsendung eines frankierten DIN-A6-Umschlags einen Prospekt der Reihe «Mit Kindern leben».

Jan-Uwe Rogge

# Kinder können fernsehen

**Vom sinnvollen Umgang mit dem Medium**

Rowohlt

Herausgegeben von Bernhard Schön und Horst Speichert

Umschlaggestaltung: Peter Wippermann / Jürgen Kaffer
(Foto: Paul Schirnhofer)
Bildnachweis: Zeichnungen: Archiv Rogge; Fotos: Lars Wienke,
außer S. 2, Foto: Antje Klintzsch; Karikaturen: Klaus Pitter
(Rechte beim Adolf-Grimme-Institut)
Redaktion: Bernhard Schön

*Für Sebastian und seinen Meilenstein*
*Für Tilman, Sabrina, Jan*
*und die vielen andern Kinder,*
*von denen ich gelernt habe*

31.–33. Tausend Mai 1997

Originalausgabe
Veröffentlicht im Rowohlt Taschenbuch Verlag GmbH,
Reinbek bei Hamburg, Februar 1990
Copyright © 1990 by Rowohlt Taschenbuch Verlag GmbH,
Reinbek bei Hamburg
Alle Rechte vorbehalten
Satz Times (PM 3.0, Linotronic 300)
Gesamtherstellung: Clausen & Bosse, Leck
Printed in Germany
1290-ISBN 3 499 18598 9

# Inhalt

# Einleitung

## «... und nachts hatte ich Alpträume»

Noch heute sehe ich mich in der dunklen, kleinen Bibliothek der Volksschule stehen. Ich muß acht oder neun Jahre alt gewesen sein und stand vor einem unendlich großen Regal mit unzähligen Kinderbüchern. Zielsicher fand ich mein Buch. Die Signatur kannte ich auswendig. Und auf dem Weg zu einem Stuhl in der Ecke suchte ich nach «der» Stelle. Ich setzte mich, las ein paar Zeilen – und schon kullerten die Tränen über die Wangen, ich las die Stelle nochmals und nochmals. Der Tränenstrom wurde heftiger.

Bis die Tür aufgerissen wurde, ein Lehrer überlebensgroß vor mir stand und mich mit den Worten: «Sag mal, spinnst du, es ist Unterricht. Du sitzt hier und weinst. Bist du krank?» fortzog. Er entriß mir das Buch, blätterte kurz darin herum, schüttelte den Kopf: «Von so einem Mist heult man doch nicht.» Ich fühlte mich weder krank, noch hatte ich «Mist» gelesen. Es war eine herrlich-rührselige Geschichte, deren Titel ich längst vergessen habe.

Nur die Handlung und eine Sequenz bleiben unauslöschlich. Alles spielte in einer fernen mongolischen Wüste. Ein Junge, zehn Jahre alt, bekam von seinen Eltern den Auftrag, mit dem Pferd in die ferne Stadt zu reiten, um lebenswichtige Dinge zu holen. Es wurde eine Entdeckungs- und Abenteuerreise, die der Junge nur dank seines treuen Pferdes überlebte – bis eines Tages das Pferd in eine Schlucht stürzte und jämmerlich verendete. Der Junge weinte – und ich noch mehr. Trotzdem lieh ich mir das Buch immer wieder aus. Wenn ich Zeit hatte, las ich es ganz, wenn nicht, nur «die» Stelle. Und manchmal, wenn mir beim Lesen alles zu unheimlich wurde, ich die Spannung nicht aushielt, blätterte ich zuerst zum Schluß, und der gab mir

Sicherheit, stand dort doch schwarz auf weiß, daß der Junge ein neues Pferd geschenkt bekam, ein genauso treues, mutiges und starkes, das ihm den Weg nach Hause wies.

Lange war ich fasziniert von diesem Buch – bis zu dem Moment, wo mich die Todesszene fast kalt ließ, kein Herzklopfen, keine Unsicherheit, keine feuchten Hände mehr. Wie der Junge im Buch, so hatte ich offensichtlich meinen Weg gefunden. Aber bald hatte ich ein anderes Erlebnis, das mich schier überwältigte und lange Zeit nicht losließ.

Zu Hause gab es keinen Fernsehapparat. Ich durfte aber Samstag nachmittag mit meinem Großvater zu einem Bekannten, um fernzusehen. Bei der Ermahnung meiner Mutter: «Nur gute Sendungen, hörst du. Auf keinen Fall diese Krimis», nickte ich, freute mich aber auf dem Wege dorthin schon auf den «Krimi». «Die kann ich lässig aushalten», dachte ich mir, hatte ich doch schließlich schon einige gesehen. «Abenteuer im Hafen» (oder so ähnlich) muß die Krimi-Serie geheißen haben; heute würde man sie als eine typische Vorabendserie bezeichnen.

Einmal lief ein anderer Krimi, anders schon deshalb, weil er länger dauerte, gar nicht voller Action, sondern voll von schier unerträglicher Spannung war. Er hieß «Das geheimnisvolle Fenster» und war ein amerikanischer Kriminalfilm aus den vierziger Jahren: ein Junge, ungefähr so alt wie ich, beobachtet nachts einen Mord. Aber keiner glaubt ihm, weil er viel phantasiert. Nur die beiden Mörder sind sich nicht sicher, ob dem Jungen nicht doch irgendwann Glauben geschenkt wird. In einer dramatischen Verfolgungsjagd treiben sie ihn durch abbruchreife Häuser. Dann kommt jene Szene, die mich bis in den Schlaf hinein verfolgte: Der Junge balanciert auf Dachbalken, meterhoch über der Erde, ein «Übeltäter» läuft hinterher. Als die Flucht des Jungen an einer Mauer endet, kommt der Täter immer näher, bis ... ja. bis der morsche Balken, auf dem der Mörder steht, bricht und ihn mit in die Tiefe reißt. Der Junge kann sich halten und läßt sich irgendwann in ein Sprungtuch der herbeigerufenen Feuerwehr fallen.

Mein Großvater neben mir spürte wohl, wie ich immer unsicherer wurde, je länger sich die Handlung hinzog. Als ich immer ängstlicher wurde, die Hände vor die Augen wanderten, ich mir die Ohren zuhielt, legte er den Arm um meine Schulter: «Na, mein Junge. Das ist nur ein Film. Das wird schon werden.» Das tat zwar gut, aber nach dem glücklichen Ende war ich fix und fertig, so hatte mich das alles mitgenommen.

Zu Hause angekommen, erzählte ich nichts, ging jedoch in den Garten, kletterte auf eine dicke hölzerne Teppichstange und balancierte auf und ab. «Also, das schaffst du auch, wenn ein Mörder hinter dir her ist», dachte ich bei mir. Aber nachts ging das Theater dann erst wirklich los. Der Film, die Schlußszene kamen wieder – diesmal als böser Alptraum: Ich war auf dem Balken, und ein gräßliches Monster raste hinterher, es wollte mich packen, da sprang ich und fiel und fiel ... und schrie. Meine Mutter stand am Bett: «Was ist los?» – «Da ist ein Monster.» Sie hat mich beruhigt, ich habe wohl weitergeschlafen. Aber jede Nacht war dieses Ungeheuer wieder da und ich auf der Flucht. Am vierten oder fünften Morgen wollte sie wissen, ob ich was «Schlimmes» erlebt habe. Ich konnte ihr das mit dem «Krimi» nicht gestehen, sonst wären meine gemütlichen Samstage endgültig vorbei gewesen. Und clever wie ich war, hatte ich mir eine List zurecht gelegt. «Ich les da grad so ein spannendes Buch, das *du* mir geschenkt hast. Das mit den Seeräubern und so. Du weißt doch schon.» Ich wußte, wenn ich nach Büchern schlecht träumte, war es aus der Sicht meiner Mutter nicht so gravierend. Manchmal nahm sie mir das entsprechende Buch weg – doch Bücher hatte ich viele, für Fernsehkrimis gab es keinen Ersatz.

Und eine letzte Geschichte, die zeigt, wie nahe das gegenwärtige Medienerleben von Kindern an der eigenen Biographie liegt. Ich las schon mit neun Jahren die Tageszeitung, und zwar las ich sie meinen Urgroßeltern vor, die nicht mehr so gut sehen konnten. Einmal entdeckte ich die Meldung, daß eine Sekte für den 30. Juni um 13 Uhr den Weltuntergang vorhersagte. Sie bereiteten, so stand da zu lesen, sich durch intensive Gebete darauf vor. Ich stockte kurz mit dem Lesen und fragte meine Urgroßmutter. Die schüttelte den Kopf und antwortete mir in breitem Plattdeutsch: «Min Jung, so 'n Schiet givt dat nich. Dat is al'ns Tünkram.» Das war ja lieb gemeint, beruhigt hat es mich nicht, obgleich ich meine Urgroßmutter für eine weise Frau hielt. Ich habe die Meldung danach immer und immer wieder gelesen, mir ausgemalt, wie das wohl mit dem Weltuntergang ist.

Alle, die ich fragte, reagierten genauso wie meine Uroma. Der 30. Juni näherte sich, ich war traurig, daß mein Vater auf Reisen war. Wenn ich schon sterben mußte, so dachte ich mir, wäre es schön, wenn alle meine Verwandten dabei sind. Ich wußte, meine Mutter und mein Bruder waren im Haus, «wenigstens zwei», dachte ich mir, «die da sind, dann bin ich nicht allein, wenn ich sterbe». Die Kirchturmuhr schlug, kein Donner, kein Blitz, kein Unwetter, kein Erdbeben, rein gar nichts passierte. Meine Urgroßmutter kam in den Garten: «Na, wat hev ich di segt, min Jung, din olle Grotmoda wet Bescheid.» Ich kletterte vom Baum, meinte ganz ernst: «Aber es hätte doch sein können, daß die Welt untergeht.» Meine Großmutter: «So fix geit dat nich.» – «Aber es hätte doch sein können», insistierte ich. Sie drehte sich um und ging, und ich war fest davon überzeugt, daß es doch hätte sein können – nur diesmal war es eben nicht passiert. Noch tagelang gingen mir schaurig-schöne Weltuntergangs-Bilder durch den Kopf, schaurig, weil alles dunkel, zerstört, ungeheuer und häßlich war – und schön, weil ich die Urgroßmutter bei mir wußte, die Rat auch in unausweichlichen Situationen wußte.

Wer Kinder vor dem Fernseher sieht, wie sie Sendungen erleben, wer Kinder beobachtet, wie sie selbstvergessen-gebannt Geschichten zuhören, oder wer sieht, wie Kinder Bücher verschlingen, der begegnet häufig der eigenen Kindheit. Je unbefangener und offener man das Kind in sich selber akzeptiert, um so mehr kann man die Kinder vor sich als *ganze* Persönlichkeiten annehmen – eben auch mit jenen Tabus, die Kinder mit schöner Regelmäßigkeit vorführen.

Geschichten über Medien legen Lebensgeschichten nahe. Der manchmal schmerzhafte Rückgriff auf die eigene Medienbiographie veranschaulicht nicht nur das Nebeneinander von unsäglich (aber wunderschönem) Trivialem und der Suche nach Anspruch, der Rückgriff stellt zugleich eine Möglichkeit dar, die Faszination, die Medienhelden auf Kinder ausüben, zu verstehen. Das gilt nicht nur für die Medien-Erziehung in der Familie, das gilt genauso für meine wissenschaftliche und pädagogische Arbeit. Auf den Elternveranstaltungen, Seminaren oder in der Familienberatung begegne ich immer wieder meinem eigenen Medienalltag und eigenen Verhaltensweisen. Medienbezogene Probleme sind normal. Sie sind auch nicht durch eine noch so «gute» (Vorsorge-)Erziehung zu lösen, allenfalls zu mildern durch ständiges Bemühen um gemeinsame Gespräche und um Verständnis der kindlichen Sichtweise.

Patentrezepte gibt es dabei nicht, aber ich möchte einige Prinzipien entwickeln, Denkanstöße geben, um Ursachen und Gründe für die Faszination das Fernsehens bei Kindern aufzuzeigen. Ich werde auf gravierende Mißverständnisse hinweisen, die Eltern die Fernseherziehung erschweren, Besonderheiten des kindlichen Filmerlebens vorstellen und auf die kindliche Lust nach Angst- und Gewaltszenarien eingehen.

In den Bildungs- und Beratungsveranstaltungen arbeite ich handlungs- und situationsorientiert. Dieses Prinzip liegt auch diesem Buch zugrunde. Ich habe wissenschaftliche Erkenntnisse in Geschichten aus dem Kinder- und Familienalltag gekleidet. Gerade das Geschichtenerzählen ist in Wissenschaft, Pädagogik und Erziehung immer mehr in

Vergessenheit geraten. Dabei bündeln Geschichten Lebenserfahrungen, lassen sich in Geschichten Erkenntnisse sinnlich-konkret nachvollziehen. Die Fallgeschichten wollen sensibel machen, Verständnis wecken und ermutigen. Die vorgestellten Situationen möchten jene soziale Phantasie aktivieren, die notwendig ist, um der Unsicherheit und Ratlosigkeit im Umgang mit den Medien zu begegnen.

In der gegenwärtigen Diskussion um Medienwirkungen werden die elektronischen Begleiter unseres Alltags zu Supermonstern stilisiert, vor denen es sich zu fürchten gilt. Es wird einer Angst das Wort geredet, die lähmt. Ich will die möglichen Auswirkungen der neuen und alten Medien nicht verharmlosen, möchte aber das bestehende Unbehagen, die aufkommenden Unsicherheiten als produktive Chance ansehen, sich den technischen Herausforderungen und den damit einhergehenden Ängsten zu stellen.

Dies setzt voraus, Kinder zu verstehen, sie anzunehmen, auch dort, wo uns ihre Erfahrungen fremd und kontraproduktiv erscheinen. Aber Verständnis für kindliche Fernsehwünsche schließt nicht aus, Grenzen immer dann zu setzen, wenn die Faszination der audiovisuellen Medien unermeßliche Dimensionen annimmt.

Ich habe in meinen forschenden, praktischen und beratenden Arbeiten viel von Kindern gelernt, sie haben sich mir mitgeteilt, ihre Erfahrungen, Geschichten, Träume und Wünsche erzählt. Ich habe ihnen zugehört, ihnen Möglichkeiten gegeben, sich an mir abzuarbeiten, vor allem wollte ich ihnen das Gefühl geben, sich angenommen zu fühlen. Dies auch dann, wenn ich ihre Vorlieben und ihre Phantasien nicht teilte. Kinder haben mir vertraut, bekamen das Gefühl, «nicht in die Pfanne gehauen zu werden», wie es ein Junge einmal so ausdrückte: «Dir kann man alles erzählen. Du magst mich auch dann noch leiden, wenn ich was Schlimmes erzähl.»

Dies Buch ist auch aus der gemeinsamen Tätigkeit mit Kindern und Familien entstanden. Obgleich ich im letzten Jahrzehnt mit sehr vielen Kindern und Familien zu tun hatte, kommt nur eine begrenzte Auswahl zu Wort. Alle haben ihr Einverständnis gegeben, alle Namensangaben sind verschlüsselt. Aber auch das weiß ich: Viele Schilderungen des kindlichen wie familialen Medienalltags mögen so typisch sein, daß sich viele andere darin wiedererkennen werden. Die meisten Fallgeschichten drehen sich um das Fernsehen als dem wohl wichtigsten und den kindlichen Alltag prägenden Medium. Kinder lesen, hören Kassetten, gehen ins Kino, besuchen das Theater, Kinder spielen, treiben Sport, toben, bummeln, raufen, basteln, blödeln. Kinder machen eine Vielzahl an unmittelbaren und mittelbaren Erfahrungen. Wenn ich mich auf das Fernsehen konzentriere, dann deshalb, weil sich um dieses Medium viele Verunsicherungen und Mythen ranken, es in der öffentlichen Auseinandersetzung nach wie vor die herausragende Rolle spielt.

Dies ist kein «Fernseh-Propagierungsbuch», wie mir ein besorgter Kollege unterstellte, als er den Titel des Buches hörte. Ich möchte aber zu mehr Gelassenheit in der Fernseherziehung ermutigen – Gelassenheit hat nichts mit Gleichgültigkeit, sondern viel mit Verstehen, Zuwendung, Einfühlungsvermögen und aktivem Zuhören zu tun. In dem Buch ist wenig von Medienpolitik die Rede, von den gesellschaftlichen, sozialen und politischen Rahmenbedingungen, die die mediale Kommunikation bedingen. Medienpolitik hat für mich immer auch etwas mit Familienpolitik zu tun. Nur läßt sich Medienpolitik nicht über Familienpolitik ändern. Der (momentan einzige) Ausweg scheint mir darin zu liegen, den Eltern praxis- und alltagsnahe Prinzipien zu vermitteln, die ihnen helfen, ihren eigenen Medienalltag und den ihrer Kinder gekonnter zu meistern.

Deshalb ist ein Mutmacher-Buch für den Umgang mit Medien in Familien entstanden. Eigene Handlungsmöglichkeiten sollen aktiviert werden. Dies wird aber nur gelingen, wenn das alltägliche Medienverhalten nicht isoliert, sondern immer im Hinblick auf die Bedürfnisse, die psychische und soziale Lage von Kindern und Erwachsenen gesehen wird, wenn Eltern und pädagogisch Tätige bereit sind, eigene Verhaltensweisen, Vorurteile und Vorlieben zu überdenken, und wenn in Kinder nicht eigene Wünsche, Sehnsüchte und Träume hineinverlagert werden.

# Kapitel 1

# Was Kindern am Fernsehen gefällt

## Das ist mein Lieblingsheld

Wer Lieblingsheld ist und warum: das zeigt eine Diskussionsrunde unter «Fachleuten», einigen sieben- bis neunjährigen Schülern (mit mir als Moderator).

*Jörg*: Also ich find «Hallo Spencer» gut. Irgendwie ist das aufregend und auch witzig. Da war mal ein komischer Stein, und der konnte alle und alles verzaubern, also, wenn man ein Wort sagen will und der Stein zaubert was, kann man nichts mehr weiter sagen. Dann bleibt man da, wo man war ...

*Sonja*: ... mit dem Zaubern find ich auch gut, wie bei ...

*Olaf*: ... bei Knight Rider ...

*Sonja*: Nein, Pumuckl, wie bei Pumuckl. Der macht sich unsichtbar...

*Volker*: Pumuckl ist doch viel zu langweilig. Ich finde Poltergeist gut. Das ist was ganz Komisches. Irgendwie ist das schön gruselig. Da kam aus dem Fernseher eine Hand und wollte das Kind reinziehen ...

*Sonja*: ... geht doch gar nicht ...

*Volker*: ... doch, hab ich doch gesehen ...

*Sonja*: ... gibt's nicht, ist doch 'n Film.

*Volker*: Du verstehst nichts. Das war eine elektrische Hand, und dann kam noch ein Blitz aus der Decke. Und dann gab's da noch ein Stühlerücken. Also die Stühle haben sich bewegt, und dann gab's da eine Stuhlpyramide.

*Rogge*: Das muß ganz schön spannend gewesen sein?

*Volker*: Mmh . . . es geht. Also ich hab hinter dem Sofa gesessen und hinter dem Rücken von meiner Mutter. Gruselig war's schon. Aber irgendwie auch wieder nicht zu gruselig.

*Tim*: Bud Spencer ist nicht gruselig, das ist nur kämpferisch. Da brauch ich keine Angst zu haben.

*Stefan*: Das ist fast wie bei Tarzan.

*Tim*: Das ist doch langweilig. Bud Spencer ist viel witziger . . .

*Stefan*: Aber Tarzan kann so schön mit dem Seil schwingen . . .

*Kathrin*: Ich find Tierfilme gut, so, wo die Ponies reiten. Da interessier ich mich für. Das könnt ich immer wieder sehen.

*Natascha*: Und ich mag die Biene Maja. Die ist lustig und spannend. Die erlebt immer was. Neulich sind Maja und Willy in ein Loch geklettert und beinahe nicht wieder rausgekommen. Das war ganz schön knapp.

**Inga, acht Jahre: «Mit Pippi ist das lustig. Die flunkert immer und erzählt so Witzmärchen. Und dann spricht sie so falsche Wörter. Und dann hat sie schöne Zöpfe.»**

14

**Anke, sieben Jahre: «Das ist Samson aus der Sesamstraße. Der ist lustig und hat eine Hängematte. Und der macht auch Streiche. Neulich hat er mal die Schuhe von einer Frau auf den Boden geklebt, und dann konnte die nicht weg.»**

*Rogge*: Gruselt es dich dann so richtig schön?

*Jan*: Ich muß dann lachen, das ist doch nur schön gruselig, ja, und dann kitzelt das so auf dem Rücken. Oder auch im Bauch. Das ist wie in der Geisterbahn, nur da gruselt's mich noch viel mehr, weil das ja echt ist.

*Anita*: So was darf ich nicht sehen. Mama sagt, davon kann ich nicht schlafen. Aber ich mag Pan Tau. Den hab ich auch auf Kassette. Ich find lustig, daß der sich so klein zaubern kann, und dann macht er Witze. Der ist mal in eine Tasse gekrochen, und dann konnte man den nicht sehen. Und dann hat er Dummheiten gemacht. Das ist ungefähr so wie bei Pumuckl. Den mag ich auch.

Läßt man Kinder ihre Lieblingshelden zeichnen, lauscht man ihren Gesprächen, dann fördert das eine ganze Palette der unterschiedlichsten Typen zutage. Und es wird schnell deutlich: Gerade die Sendungen für die Familie oder speziell für Erwachsene üben eine starke, kaum zu unterbindende Anziehungskraft aus. Erwachsene versuchen die Faszination von Kindern am Fernsehen zumeist und ausschließlich auf die Bilder («Damit sind die überfordert»), auf Themen («Muß

15

**Timo, acht Jahre: «Der eine ist Orko. Der kann zaubern und macht Unsinn. Der ist aber ein ganz Lieber und versucht, alles gut zu machen. Da hat ein Haus gebrannt, und da hat er das Feuer in Wasser verwandelt. Und der andere ist He-Man, der hat ein Zauberschwert am Rücken stecken. Der hilft immer anderen Leuten. Das Schwert kann man nicht sehen. Damit besiegt er Skeletor, aber den mag ich nicht zeichnen.»**

denn immer die Gewalt enthalten sein?») und Helden zurückzuführen («Also wie die Männer dargestellt werden, immer groß und stark und dann die Frauen als Dummchen»).

Ein Blickwinkel, der das Medium als Ausgangspunkt wählt, ist sicher unverzichtbar. Problematisch und folgenschwer wird er nur, wenn dies die alleinige Perspektive bleibt. Leichtfertig ist solch ein Vorgehen deshalb, weil es dazu (ver-)führt, nur *über* Medien und *über* vermutete Wirkungen auf Kinder zu reden. Und dann findet man sich schnell bei solchen Vereinfachungen wieder: «Mir ist nun klar», so ein Vater nach der Sichtung von «Pumuckl», «warum mein Sohn schon seit Wochen so komisch redet.» Oder: «Nachdem die Bud Spencer gesehen hat, will meine Tochter nur noch Bohnen essen und furzen.»

Dabei zeigen die Kommentare, Äußerungen und Spiele von Kindern, in denen sie ihre Fernseherlebnisse nochmals wiederbeleben oder verarbeiten, sehr deutlich: Kinder gehen mit vielfältigen positi-

Doris, sechs Jahre: «Thomas Gottschalk, der ist immer so freundlich und hat so komische Sachen an. Den guck ich immer mit Papa und Mama. Mama mag den auch, Papa nicht, ich glaub aber nur, weil Mama den mag. Sonst könnte er ja was anderes sehen und nicht immer meckern.»

ven wie negativen, erfreulichen wie verunsichernden Alltagserfahrungen, mit einem Vorwissen, mit präzisen oder weniger klaren Vorstellungen an Sendungen heran. Sie weisen den Helden die unterschiedlichsten Bedeutungen zu. Kinder gehen nie mit einer abstrakten «Biene Maja», einem ihnen gleichgültigen «Michael Knight» um. Das ist im übrigen bei Märchen-, Bücher- oder Kassettenhelden nicht anders. Kinder setzen die Helden zu aktuellen Sorgen und Sehnsüchten, momentanen Befindlichkeiten oder auch überdauernden Freuden oder Leiden in Beziehung. Das, was Kinder aus einem Fernsehhelden für sich herausholen, wie sie ihn interpretieren und für sich vereinnahmen, hat häufig mehr mit ihren eigenen Erfahrungen zu tun als mit den Absichten, die ein Drehbuchautor oder Regisseur in seine Arbeit hineingelegt hat.

Ich unterschätze keineswegs mögliche Prägungen durch das Fernsehen, z. B. bei der Festlegung von Geschlechtsrollen, der Sichtweise von Welt. Die filmischen Gestaltungsmittel, seien es Einstellungen, Blenden, Schnitte, Geräusche, Musik und die Sprache ziehen die Kinder gefühlsmäßig in den Bann; aber umgekehrt klopfen die Kinder

17

**Ralf, sechs Jahre: «Pumuckl macht immer Streiche und verbotene Sachen. Und hält sich nicht daran, was Meister Eder sagt. Und dann kann er sich unsichtbar machen. Ich will mich auch wegzaubern, wenn ich Ärger mit Mama hab. Und dann kann er machen, was er will, aber er macht auch das, was er nicht darf. Neulich hatte er Geburtstag, da hat er viele Sachen bekommen.»**

Filme auf gefühlsmäßige Wirkelemente ab und wählen danach aus. Und unverkennbar besitzen «Pumuckl» und «Pippi Langstrumpf», «Knight Rider» und «Colt Seavers», «Tom & Jerry» und «Alf» festgelegte Charakterzüge, über die Kinder im vorhinein wissen: Die Helden kennen weder zeitliche noch räumliche Grenzen, sie setzen Logik und Sinn außer Kraft, sie stellen die Wirklichkeit auf den Kopf und sagen vermeintlichen Autoritäten den Kampf an.

Hinter kindlichen Beurteilungen wie «Das ist lustig» oder «das war spannend» – höchstes Lob für Filme aus dem Munde eines jungen Kritikers – verbirgt sich nicht Sprachlosigkeit oder Verkümmerung des Wortschatzes; die Statements geben Hinweise auf Tagträume, auf Wünsche nach einer spielerischen Überwindung von Wirklichkeit, auf Nervenkitzel oder das Durchleben von Phantasien. Denn je eintöniger, je begrenzter und je reglementierter sich die Nah- und Umwelt für Kinder darstellt, desto wichtiger werden Tagträume. Und wenn die in der Wirklichkeit nicht geträumt werden dürfen, dann bleiben die medialen Wirklichkeiten: Sie gestatten auf Knopfdruck ein schier grenzenloses (wenn's die Eltern nicht gäbe) Hineinversetzen in die Bilder- und Hörwelten.

## List und Stärke, Magie und Technik

Fernsehhelden verkörpern Mut, List, Stärke und Phantasie. Sie dienen den Kindern als Flächen für ihre Wünsche, Träume und Phantasien. In die Helden können Kinder alles hineinlegen, was der Alltag nicht oder nur in Grenzen zuläßt, was man sich selber nicht getraut, wie man sein möchte, oder die Figuren stellen auf liebenswürdige Weise eigene Schwächen vor.

Samson verkörpert das ungelenke, tolpatschige Prinzip, benimmt sich wie der berühmte Elefant im Porzellanladen und ist trotzdem für jeden Streich zu haben. Er erweckt Mitgefühl, geht es ihm doch nicht selten so wie denjenigen, die vor dem Fernsehapparat sitzen, über ihn oder mit ihm lachen.

Anders dagegen Alf, jenes undefinierbare Wesen aus dem Weltall, das eine «stinknormale Familie so richtig aufmischt» (so der Kommentar eines Zwölfjährigen). Er gibt sich naiv, benimmt sich daneben, stellt sich fürchterlich ungeschickt an und entlarvt nebenbei die Alltäglichkeit seiner amerikanischen Gastfamilie als Angepaßtheit und Mutlosigkeit. Alf führt einen anarchistisch-subversiven Lebensstil vor, den viele Kinder vielleicht im Alltag leben möchten, und er verdeutlicht mit seinem Heißhunger auf Katzen den latenten Sadismus mancher Menschen auf eine erträgliche Weise. Das Lachen über «Alf», seine Sprüche, seine Streiche und seine Dummheiten ist ein (wenn auch nur kurzzeitiger, für die Dauer der Sendung) Sieg über das Bedrohliche der Realität.

Die Überlegenheit des phantastischen Prinzips über die Naturgesetze und die Aufhebung der Logik macht letztlich die Faszination vieler Zeichentrickfilme aus – ob sie nun Donald Duck, Tom & Jerry, Familie Feuerstein, Bugs Bunny, Heidi oder Biene Maja heißen.

Während viele Erwachsene «Heidi» oder die «Biene Maja» für ihre Kinder akzeptieren («Natürlich wäre es besser, die Kinder würden das Buch lesen und nicht solche fürchterlichen Filme konsumieren»), werden Serien wie «Tom & Jerry» eher abgelehnt. Sie geraten wegen des ständigen Kampfes zwischen der Katze und der Maus in den Verdacht, für aggressive und gewalttätige Verhaltensmuster verantwort-

**Regina, sechs Jahre: «Ich find Bud Spencer so toll, weil der so stark ist. Und dann, weil der so gut kämpfen kann. Der ist wie mein richtiger Papa, weil der auch lustig ist und nicht soviel verbietet.»**

lich zu sein. Und manche Kinder tun nahezu alles, um solch (Vor-) Urteil der Erwachsenen zu bestätigen: Da wird nicht nur während der Sendung getobt, mitgelacht, lauthals kommentiert oder herumgesprungen, auch nach der Sendung finden sich übermotorische Reaktionen und lautstarke Nacherzählungen. «Tom & Jerry» macht etwas mit den Kindern: Die Sendung erregt, zieht in den Bann, verunsichert, macht emotional betroffen. Und gleichzeitig benutzen viele Kinder die Sendung. Sie lassen sich erregen und in den Bann ziehen, sie verlangen nach emotionaler Betroffenheit und Nervenkitzel, sie zittern und fiebern mit der Maus und haben manchmal Mitgefühl mit der Katze. Doch bleibt die symbolische Auseinandersetzung meist im Rahmen jenes Maßes an Erträglichkeit und jener Grenzen, die Kinder sich selber setzen und deshalb aushalten können.

Andere Beispiele sind Colt Seavers oder Michael Knight. Was bei den Kindern hellstes Entzücken hervorruft, löst bei vielen Erwachsenen Kritik und Grausen aus. Solch pauschale Ablehnung stößt bei Kindern wiederum auf wenig Verständnis. «Colt» und «Michael», wie sie von Kindern liebevoll-zärtlich tituliert werden, sind gute, alte

Bekannte. Unverkennbar enthalten die Serien jene Zutaten, die ein schmackhaftes «Fernsehmenü» entstehen lassen: Die Filmhandlung ist geradlinig, die Anzahl der Personen überschaubar. «Colt»- und «Knight Rider»-Fans ist schnell klar, worum es geht: Ein Mann (!) kämpft gegen das Unrecht, und ebenso eindeutig ist, wer das «Gute» und wer das «Böse» verkörpert. Hinzu kommt ein attraktiver Vorspann, eine eingängige Musik, die die Handlung unterstützt. Zwar begeben sich die Protagonisten immer in gefährliche Situationen, aber sie kommen ohne Schrammen wieder heraus – dank List, Überlegenheit, Kraft und einem Schuß Magie. «Colt» und «Michael Knight» sind elektronische Märchenhelden, überlebensgroß und unverwundbar. Die Konflikte, die sie lösen, sind niemals konkret, sind der kindlichen Erfahrungswelt mehr oder minder fremd. Sich-bewähren-Müssen und Sich-Finden lautet die abstrakte Botschaft der Serien.

Faszination üben einzelne Gegenstände und Personen aus, Einzelheiten der Handlung sind dagegen meist unwichtig. Eine herausragende Bedeutung kommt in beiden Serien den Autos zu. Colt Seavers besitzt einen Landrover, eine Art Superauto, das sich weder um Straßen oder Wege noch um physikalische Gesetzmäßigkeiten kümmert. Die Krone setzt allerdings KITT auf, der automobile Begleiter Michael Knights, eine Mischung aus Magie und Technik, der reden, programmieren und vor allem selbständig handeln und fahren kann.

Aus der Sicht von Kindern konterkarieren «Colt Seavers» und «Michael Knight» durch ihren Lebensstil und ihre Autos die Realität. Sie haben keine Langeweile, immer ist bei ihnen etwas los, ständig können sie sich auf neue Dinge, müssen sie sich auf neue Abenteuer einlassen, ohne daß ihnen wirklich Grenzen gesetzt werden. Grenzen sind nur dazu da, überwunden zu werden.

Wer Serien wie «Ein Colt für alle Fälle» oder «Michael Knight» ausschließlich als vordergründige Action-Serien abtut, vergibt sich die Chance, über die Genrevorlieben von Kindern in ein Gespräch über den kindlichen Alltag, dessen Defizite, vor allem aber deren *nicht-mediale* Überwindung zu kommen. Erwachsene sollen ruhig deutlich sagen, was sie von Sendungen oder Szenen, die ihnen nicht gefallen, halten. Das erleichtert den Kindern zugleich die Suche nach Eigenständigkeit. Nur müssen solche kritischen Einwände so formuliert werden, daß sie Kinder nicht verletzen. «Was schaust du dir dort für einen Blödsinn an» als Kommentar zu Michael Knight trifft nicht die Sendung, sondern das Kind mitsamt den Gefühlen, die es in diesen Helden hineinlegt. Formulierungen wie «Ich finde die Sendung völlig überzogen» oder «Ich mag diesen Kerl einfach nicht» können von

Kindern angenommen werden und zu einem Gespräch oder einer Auseinandersetzung führen.

## Sehen mit Augen und Ohren

Gespräche über Fernsehsendungen können auch verdeutlichen, wie selbstverständlich Kinder das Nebeneinander von Anspruch und Kitsch für sich akzeptieren. (Wobei sie sich im übrigen gar nicht so sehr von Erwachsenen unterscheiden.) Das Nebeneinander dokumentiert Ninas Bild. Nina ist sechs Jahre.

«Ich mag Lassie, weil er Menschen rettet, oder auch Pferdefilme, weil die Pferde manchmal reden können. Pumuckl ist witzig und hat so schöne rote Haare. Ja, und dann macht er noch so lustige Streiche. Und dann finde ich KITT noch toll. KITT kann fliegen und sprechen und auf zwei Rädern fahren.»

Kindern ist es häufig egal, wie die Helden gestaltet sind: Der sorgfältig produzierte «Pumuckl» rangiert neben Uralt-Serien der Kinderfernsehunterhaltung wie «Lassie», «Flipper» oder «Fury» oder High-tech-action-Serien wie «Knight Rider».

Auch Kinder haben ein Gespür für Qualität, nur legen sie andere

22

Maßstäbe an als ihre Eltern. Während viele Erwachsene den perfekt gemachten Walt Disney-Filmen nachtrauern, interessiert viele Kinder vor allem, daß die Bewegung und die Geschichte stimmen. Da stehen dann die ansprechend hergestellte «Sendung mit der Maus», der «Pumuckl» oder eben auch die Disney-Figuren neben der «Biene Maja», «Heidi» oder dem «Pinocchio». Während die ersteren «Vollanimationsfilme» sind, bei denen jedes Einzelbild mit kleinsten Bewegungsveränderungen neu gezeichnet und aufgenommen wird, bleibt bei der «Teilanimation», die sich in der Folge der «Biene Maja» seit Mitte der siebziger Jahre im Fernsehen immer mehr durchsetzt, ein Großteil der Einzelbilder unverändert. Nur die Extremitäten der Figuren werden immer neu gezeichnet. Zudem täuscht man viele Bewegungen durch Kamerabewegungen vor.

Teilanimation trägt verstärkt zur Stereotypisierung, nicht zuletzt aber auch zur Reduktion ästhetischer Ausdrucksmöglichkeiten bei. Sie geschieht letzlich aus ökonomischen Gründen, um die weltweit gestiegene Nachfrage nach Zeichentrickfilmen schneller und billiger zu befriedigen. Doch ist dies die Perspektive des Erwachsenen, für Kinder zählt vor allem, ob ihre Erwartung an den Zeichentrickfilm eingelöst wird. Und sie legen Wert auf den übermächtigen, witzigen Helden, der spannende oder lustige Abenteuer erlebt. Genauso entscheidend für die Anziehungskraft vieler Serien sind die auditiven Gestaltungselemente, also die Musik, die Geräusche oder die Sprache. Sie ziehen – darauf haben viele Forscher hingewiesen – in den Bann, rufen Gefühle wach oder tragen zu einer intensiveren Selbstempfindung bei. Eine «Biene Maja», ein «Knight Rider» oder ein «Tom & Jerry» ohne die hörbaren Gestaltungselemente wird sich kein Kind «antun», oder es wird die Sendung nach kurzer Zeit ausschalten. Das «Geheimnis» liegt im Gestaltungsprinzip des «sensorischen Überfließens» begründet, so der Psychologe Hans-Georg Trescher. Ein Film wird von Kindern nicht nur gesehen, ein Film wird gehört, gespürt, schlichtweg erlebt. Dies um so intensiver, je mehr Sinne er möglichst zugleich anspricht. Jeder Fernsehzuschauer oder Kinobesucher hat dieses Prinzip schon einmal am eigenen Leibe erlebt: beim Happy-End wird nicht nur geküßt, da schluchzen auch die Geigen; wenn der «Böse» in einem Krimi seine Schandtaten vollbringt, hört man Schritte, eine dumpfe Musik, es ist dunkel, und die Treppe knarrt.

Sehen und Hören gehen bei der Filmrezeption eine unauflösliche Bindung ein. Dabei kommt bei der kindlichen Wahrnehmung von Fernsehfilmen dem Gehörsinn eine besondere Rolle zu. Geräusche, Töne und Musik werden (nicht nur von Kindern) weniger distanziert wahrgenommen als optische Reize. Akustische Reize sind weniger eindeutig und scharf ausgeprägt, wenn man im dunklen Zimmer ein diffuses Geräusch hört, macht man das Licht an, um sich Eindeutigkeit und Distanz zu verschaffen.

Beim Hören liegt das Schwergewicht auf dem Gefühl, beim Sehen dominieren Klarheit und Rationalität. So halten sich viele Kinder bei bedrohlichen Szenen nicht nur die Augen, sondern häufig zuerst die Ohren zu oder beantworten die Frage nach der Spannung im Film so: «Da war eine gefährliche Musik drin.»

Während viele Erwachsene (Kinder-)Filme zumeist von den Inhalten und den Bildern her bewerten und diese auf ihre mögliche Eignung für Kinder abklopfen, mithin den Gesichtssinn zur Beurteilung einsetzen, gehen Kinder nicht nur eher ganzheitlich vor, sie empfinden Filme auch so. Da der Gesichtssinn erst vom zehnten Lebensjahr mitsamt den damit zusammenhängenden Wahrnehmungsleistungen (Objektivierung, Differenzierung) ausgebildet ist, spielt bis dahin auch der Hörsinn eine zentrale Rolle. Filmerleben läuft immer über ein gefühlshaft-zuständliches Hören. Es erschließt die Welt und entspricht zunächst mehr dem Emotional-Affektiven kindlicher Realitätswahrnehmung, dem kindlichen Verlangen nach einer ganzheitlichen Aneignung. Denn gehört wird nicht nur mit den Ohren. Kinder spüren Schallwellen auch über die Haut und die Knochen.

Kein Wunder, daß Tonkassetten im Kleinkindalter so beliebt sind: Die Kinder sitzen stundenlang davor und verleiben sich Kassette um Kassette (oder auch immer dieselbe) mit großer Lautstärke im wahrsten Sinne des Wortes ein. Und es nimmt dann nicht weiter wunder, wenn jene Filme, die Kinder möglichst umfassend ansprechen und die von Kindern ganzheitlich angeeignet werden, in der Beliebtheitsskala ganz oben stehen. Je jünger die Kinder sind, um so wichtiger ist die Geräusch- und Bildkulisse, um so heftiger erlebt das Kind die Sendung, um so weniger vermag es sich zu lösen.

## Gibt es eine kindgerechte Fernsehdramaturgie?

«Kinder sind verraten und verkauft. Die haben keine Chance gegen die Wucht des Fernsehens. Nachdem Sie das gesagt haben, finde ich mich immer mehr bestätigt: Das Fernsehen ist nichts für Kinder, Fernsehen ist absolut nichts für Kinder. Die sind völlig überfordert.» So oder ähnlich lauten die Reaktionen, wenn die Sprache auf das gefühlsmäßige Engagement von Kindern beim Fernsehen kommt. Eine durchaus berechtigte Sorge, gibt es doch Kinder, die mit der Bilder- und Hörwelt in ihrem gefühlsmäßigen Entwicklungsstand schlichtweg überfordert sind.

Kindliches Begreifen von Welt, Dinge auf den Begriff zu bringen, setzt unmittelbares Begreifen der Wirklichkeit und der Gegenstände voraus. Das heißt nicht, Fernsehen für (Vorschul-)Kinder abzuschaffen, Kinder vor den elektronischen Bilderwelten zu beschützen oder zu bewahren. Vielmehr müssen sie einen sinnvollen Umgang mit den Medien *erfahren*. Kinder müssen erproben, wie sie das Fernsehen (aber auch andere Medien) als eine weitere Möglichkeit, sich Realität anzueignen, einsetzen können.

Filme, die auf eine Rettung in letzter Minute abzielen, lassen Kindern kaum eine Chance des Ausstiegs, die ziehen sie immer mehr in den Bann der Handlung. Äußerlich nahezu stillgelegt, vollzieht sich in ihnen die Bewegung: Die Nerven sind manchmal bis zum äußersten angespannt. Und so ist es nicht weiter verwunderlich, wenn sich die Spannung im nachhinein in überzogener Lautstärke und Motorik entlädt.

Demgegenüber gibt es Sendungen, die eine kindgerechte Dramaturgie versuchen. Dabei ist entscheidend, daß nicht das, was Erwachsene für kindgerecht halten, mit dem verwechselt wird, was Kinder sich vom Fernsehen wünschen: Eben nicht belehrende Besserwisserei, langweilige Einstellungen, betuliche Bilder und ein womöglich onkelhafter Ton.

«Pumuckl» oder «Hals über Kopf» sind zwei Serien, die Kindern Unterhaltung und Vergnügen bereiten, sie aber zugleich in ihrem Gefühlshaushalt ernst nehmen. Beide Sendungen sind nicht auf den großen Spannungsbogen mit dem abschließenden Happy-End ausgerichtet. Die einzelnen Folgen bestehen aus mehreren kleinen Spannungsbögen, zwischen denen sich die Kinder entspannen können. Das wird durch den sparsamen Einsatz von Geräuschen, Musik und Sprache noch unterstützt, so daß die Möglichkeit der Distanzierung bleibt. Der Hörsinn wird angesprochen, ohne daß die Kinder überfordert sind.

Ich lege Wert auf entspannende Passagen während des Sehens, weil für mich nicht das still und starr vor dem Fernseher sitzende Kind das Ideal darstellt. Nur ein Kind, das während der Rezeption seine Naturwüchsigkeit (z. B. Bewegung, Lautstärke) zeigen darf, wird in der Lage sein, mit einer möglichen An- und Überforderung von Fernsehsendungen umzugehen.

«Aber das heißt doch», meint Frau Berger, «ich muß mir andauernd Fernsehsendungen anschauen, bevor ich sie gestatte, und dann will ich doch manchmal, da bin ich ganz ehrlich, will ich meine Ruhe haben, wenn ich den Kindern 'ne Fernsehsendung gestatte. Dann sag ich schon mal: *Na jetzt gibt's doch 'ne Sendung, die wollt ihr doch sehen.* Ich hab dann zwar ein schlechtes Gewissen, aber dann hab ich wenigstens meine Ruhe. Und nun meinen Sie, Ruhe ist gar nicht gut.»

Man muß nicht alles, was Kinder gerne sehen möchten, selbst angeschaut haben. Dies sollte nur für jene Sendungen gelten, bei denen Unklarheiten bestehen oder bei denen Kinder auffällige Reaktionen zeigen. Und auffällige Reaktionen können auch Stille, innere Bewegung und absolute Ruhe, ja Starrheit sein.

Die Anmerkung von Frau Berger fördert noch einen weiteren verallgemeinbaren Aspekt des kindlichen Fernsehverhaltens zutage: Die so häufig beklagte Passivität. Zweifelsohne legt manche Dramaturgie kindliche Tätigkeit still, läßt aus dem Spiel atemlose Stille und angespanntes Schweigen werden. Aber kindliche Passivität beim Fernsehen – und darauf werde ich noch eingehen – ist auch ein Resultat von Erziehung: Nebentätigkeiten der Kinder werden nicht selten mit dem Satz: «Was willst du, willst du nun fernsehen oder spielen» unterbunden, ohne daß sich Eltern über den Sinn und Zweck solcher Nebentätigkeit im klaren sind.

«Ich mag nichts Neues im Fernsehen, ich mein, woran ich nicht gewöhnt bin. Also ich muß schon wissen, daß der Film gut ausgeht», so Karsten. Und Jan ergänzt: «Spannend muß das schon sein. Ich mein, fast könnte das ja auch mal schlecht ausgehen, aber dann gewinnt Michael Knight eben doch.» Sabine: «Und dann sind noch die Filme schön, also die im Schlaraffenland spielen, also die, wie das Märchen eben ist. Wie bei Pippi Langstrumpf... Also manchmal wird mir's auch bei der zu spannend, das halt ich dann fast nicht aus... Wie bei Momo neulich, da war es mir fast schon zu gruselig.» Jürgen: «Ich muß immer wissen, wer der Böse ist und wer der Gute. Das muß immer gleich klar sein. Und der Böse hat meistens eine laute und gefährliche Musik, der Gute sieht eben gut aus, so gut eben, das weiß ich, und dann weiß ich, dem kann gar nichts passieren. Wie bei Pumuckl oder Tom & Jerry.»

Auch Kinder haben ihre dramaturgischen Ansprüche, ihre Qualitätskriterien an Sendungen: Oberstes Prinzip ist Überschaubarkeit, Sicherheit und Verläßlichkeit. Dieser Wunsch deutet darauf hin, wie emotional Kinder von vielen Sendungen gepackt und mitgerissen werden. Sie brauchen feste dramaturgische Rahmenbedingungen, die ihnen vertraut sind und Orientierung bieten:

– Da existiert zunächst einmal der Wunsch nach einem klaren, *überschaubaren* Aufbau der Sendung. Die mit den Sendungen einhergehenden Spannungen sind für viele Kinder nur dann erträglich, wenn ihnen der dramaturgische Ablauf bekannt ist. Dazu gehört der Vorspann («Der ist bei Michael Knight fast besser als die richtige Sendung»), die Haupthandlung, manchmal unterbrochen durch die Werbung («Da schalt ich um.» «Da geh ich aufs Klo.» «Da hol ich mir was zu trinken.») und der Nachspann («Meist fangen wir dann schon an zu reden oder zu spielen.»). Die Haupthandlung weist einen Spannungsbogen auf, der mit dem Happy-End schließt. Diese Spannungsbögen sind unterschiedlich gestaltet. Einige Sendungen laufen auf das spannende Finale, die Rettung in letzter Minute hinaus, andere Sendungen haben kleinere Spannungsbögen, die es dem Kind ermöglichen, aus dem Sehen für kurze Zeit auszusteigen, sich entspannenden Nebentätigkeiten hinzugeben.

– Kinder sind auf *das gute Ende* angewiesen. Ein offener Schluß kann zu erheblichen Verunsicherungen noch über lange Zeit führen. Das Kind versucht, offene Spannungsbögen zu Ende zu phantasieren oder zu deuten, wobei es sich mit dem unsicheren Schicksal des Helden identifiziert. Je realistischer, je nachvollziehbarer sich die Gefahr für den Medienhelden darstellt, um so intensiver wird sich das Kind mit ihm identifizieren und beschäftigen. Und je stärker es sich in einen Helden hineinversetzt, um so heftiger können die emotionalen Reaktionen im nachhinein sein. Fortsetzungsserien, die jeweils im Moment höchster Spannung abbrechen, oder Sendungen mit offenen Schlüssen sollten Eltern nur gefühlsmäßig gefestigten Kindern zumuten.

– *Überschaubares Personal* ist für die Kinder ebenfalls wichtig. So werden manche Serien (z. B. die realistische Krimiserie «SOKO») wegen der verwirrenden Zahl von Hauptdarstellern abgelehnt und gemieden. Dies vor allem dann, wenn Zuweisungen wie «gut» oder «böse» nicht möglich sind. Beliebt ist eine Konstellation, die neben den Haupthelden einen oder mehrere Nebenhelden stellt (Biene Maja und Willi, Colt Seavers und Howey, Michael Knight und die Assistentin Bonnie). Während der Haupthelden («So wie Biene Maja werd ich nie, aber so möcht ich wohl sein») die omnipotente, grandiose, alles überragende Persönlichkeit darstellt, in die man Träume, Phantasien und Wünsche hineinlegen kann, kann man sich am Nebenhelden («Willi ist fast so wie ich. Das kann ich auch sein. Nur wie der so spricht, so blöd red ich nicht») abarbeiten. Der Nebenheld verkörpert das Realitätsprinzip, ist mit vielen, ganz menschlichen und nachvollziehbaren Fehlern und Charakterschwächen behaftet.

– *Der «weiche» Zeichenstil* wurde von Walt Disney kreiert und arbeitet mit runden Formen: dem runden Kopf, dem runden Körper, großen, runden Augen und Pupillen. Dieser Stil weckt positive Assoziationen und Gefühle und ist durch das Kindchen-Schema bekannt. Malen Kinder ihre Lieblingshelden, nutzen sie selbstverständlich runde Formen, setzen sie vergleichbare Stereotype ein, mit denen bewußt oder unbewußt gefühlshaltige Assoziationen verbunden sind. Umgekehrt: Stellen Kinder Figuren dar, die ihnen nicht geheuer sind, so arbeiten sie eher mit eckigen Formen, setzen sie archetypische Stilelemente ein, die negative Gefühle ausdrücken sollen.

– *«Hörwelt» der Bilder*. Je mehr Sinne ein Film anspricht, um so intensiver wird er von Kindern erlebt, um so mehr lassen sie sich in den Bann ziehen. Und: Je mehr Sinne ein Film bei einem Kind zugleich anspricht, desto spannender, witziger und lustiger wird er empfunden. Vor allem kleinere Kinder weisen den auditiven (den zu hörenden) Gestaltungselementen eine besondere Bedeutung zu. Sie sind entscheidend dafür, daß Filme *erlebt* werden. Da der Hörsinn lebenszeitlich früher ausgebildet ist, haben Geräusche und Musik in Filmen einen besonderen Stellenwert.

# Kapitel 2

# Im Fernsehen dem Alltag begegnen

## «Tom und Jerry» oder der Sieg der Kleinen

Carlo und Rolf, neun und elf Jahre alt, kommen gegen halb sechs in das Haus gestürmt, laufen in die Wohnküche. «Nun mach schon», ruft Carlo, «das hat schon angefangen.» Mit «das» ist Tom & Jerry gemeint. Carlo hat schon beim Frühstück seine Tante genervt, indem er ihr immer wieder von der Sendung erzählen wollte. Beide Jungen sitzen vor dem Fernsehgerät, noch etwas außer Atem, jeder auf seinen Stuhl gekauert. Carlo hat die Füße auf dem Stuhl. Er trampelt hin und wieder vor Begeisterung. Rolf hält mit beiden Händen ein Glas mit Saft fest. Große Augen, aufgerissene Münder, kurze Kommentare wie «Ui», «O Mensch», wenn die Maus in Gefahr gerät. Lachen, Freude, Schreien, Gejohle oder kurze Anfeuerungsrufe, wenn die Maus verliert. Mit den Worten «Was ist denn hier los!» kommt Frau Schneider, Rolfs Mutter, ins Zimmer, stellt sich vor das Gerät. «Hau ab», schreit Rolf, «hau sofort ab.» Er hält sich erschrocken den Mund zu, als er das ungläubige Gesicht der Mutter sieht. «Du bist gemein», ruft Carlo. «Wenn hier nicht sofort Ruhe ist, fliegt ihr raus, sofort! Carlo, Füße untern Tisch!» Frau Schneider verläßt den Raum, um ihre Arbeit fortzusetzen. Beide Kinder werden im Nu wieder von der Sendung gefangengenommen, sind nur wenig leiser als vorher, im Gegenteil: Als die Sendung vorbei und die Katze zum wiederholten Mal der List der Maus unterlegen ist, fangen beide an, vor Vergnügen mit den Händen auf den Tisch zu klopfen. «Komm, laß uns schnell die Mücke machen», meint Rolf. Beide rennen nochmals zum nahen Fußballplatz.

Ich habe später alle drei Beteiligten zu einem Gespräch über die Situation zusammengeholt und gebe davon einige Ausschnitte wieder.

*Mutter*: Also ich versteh das nicht, warum ihr euch das anseht. Ihr seid doch nur aufgedreht und macht Theater.

*Carlo:* Das ist doch nur lustig.

*Mutter*: Was ist daran lustig? Wenn die sich weh tun?

*Rolf:* Erstens ist das ein Film ,und zweitens tun die sich nicht wirklich weh.

*Mutter*: Aber du hast neulich auch die Katze in den Kühlschrank eingesperrt.

*Rolf*: War doch nur Spaß.

*Mutter*: Spaß, jetzt hört's aber auf.

*Rolf*: Na ja.

*Mutter*: Und dann hast du gesagt, daß du das von Tom & Jerry hast.

*Rolf*: Dann schimpfst du wenigstens weniger, nicht auf mich, sondern auf das Fernsehen.

*Mutter*: Also, ich weiß nicht mehr . . .

*Carlo*: Aber Jerry weiß immer was. Der läßt sich nicht unterbuttern . . . Der bleibt immer Sieger . . .

*Rolf*: . . . wie der da den Tom . . . (macht eine Bewegung, als ob er eine Fliegenklatsche in der Hand hält) . . . boing, boing, boing . . . (Carlo grinst, beide lachen, die Mutter schaut verständnislos). So klein war die.

*Mutter*: Ich find das nicht gut.

*Rolf*: Ich find's aber gut, deine Sendungen mag ich auch nicht. Nur ich mecker dann nicht immer.

*Carlo*: Eltern sind gemein. Immer müssen die meckern und uns den Spaß verderben.

Viele Erwachsene bewerten Zeichentrickfilme aus einer eher realistischen Sichtweise; Kinder nehmen diese Filme als symbolische Auseinandersetzung mit der eigenen Lebenswelt, die freilich an den wirklichen Machtverhältnissen des Alltags kaum etwas ändern. «Tom

& Jerry» thematisiert die Macht-Ohnmacht-Relation, die für den kindlichen Alltag so bedeutsam ist. Der Film lebt vom Gegensatz zwischen groß und klein, gut und böse, Hinterlist und List. Die Brutalität, mit der sich «Tom & Jerry» bekämpfen, sowie die Akzeptanz dieser Bilderwelten durch Kinder gibt einen Einblick in das Gefühl von Unterlegenheit und dem Wunsch nach Umkehrung dieses Verhältnisses.

Bei «Tom & Jerry» (wie Filmen mit einer vergleichbaren Symbolik) reagieren Kinder von innen heraus. Entweder sitzen sie still und gespannt da, mit offenem Mund und offenen Augen. Möglicherweise Finger und Daumen im Mund. Oder das Lachen und die Freude platzt aus den Kindern heraus, wenn die Katze mal wieder verliert. Vordergründig sind die heftigen Reaktionen eine Folge der akustischen Elemente, eine Konsequenz aus dem Inhalt, die Raum und Zeit, oben und unten, ja die gesamten physikalischen Gesetze in ihrer Logik aufhebt. Immer passiert das Unerwartete und Unvorhergesehene, nur eines passiert nicht: Tom, die Katze, gewinnt nie.

Der Film bleibt erträglich, weil er für die meisten Kinder keine bestimmten Problemkonstellationen des Alltags anspricht: Vielmehr geht es um eine – auch aus dem Märchen bekannte – archetypische Auseinandersetzung zwischen Leben und Tod, Überleben und Vernichtung. Solche Archetypen entsprechen einer (für Kleinkinder typischen) polaren Weltwahrnehmung: Objekte werden nicht differenziert wahrgenommen, für das Kind stellen sie sich entweder als gut (Märchenheld) oder böse (wildes Tier, die Hexe), als beschützend (die gute Mutter) oder verfolgend (die Stiefmutter) dar. Die Sprache spielt in der «Tom & Jerry»-Dramaturgie eine untergeordnete Rolle, sie ist kein Mittel der Reflexion. Nicht um Rationalisierung, Distanzierung oder Differenzierung geht es, vielmehr um ein Zurücksinken in frühkindliche Formen der Weltwahrnehmung und damit einhergehender Trennungs- und Vernichtungsängste.

Witzig, lustig oder spannend finden Kinder ihre Filme. Sie stehen für einen ganzen Bedeutungshorizont, den vor allem Jüngere nicht weiter begründen können oder wollen. Wie sollen Kinder, vor allem dann, wenn sie von Filmen auf einer vorsprachlichen Stufe angesprochen werden, über Gefühle, über symbolisch vorgeführte Konfliktkonstellationen reflektieren und erzählen – es sei denn, man hat es mit einem rational geschulten, psychologisch ausgebildeten Kind zu tun. Dann könnte ich mir diesen (hoffentlich fiktiven) Dialog vorstellen.

Mutter/Vater: «Warum siehst du dir das immer an? Das ist doch nur Gewalt, und du bist dann iso aufgeregt. Warum tust du dir das an?»

31

Kind: «Ihr wißt ganz gut, daß ich mich in der Phase einer prä-ambivalenten Objektwahrnehmung befinde. Ich brauche diese Filme momentan. Ich muß mich mit euch auseinandersetzen, um über eine polare Bewertung von Personen zu einer Differenzierung in der Ein-schätzung zu kommen . . .»

«Warum»-Fragen helfen Eltern und Pädagogen kaum, um Hinter-gründe jener Faszination zu erkunden, die «Tom & Jerry»-Sendungen ausüben.

«Aber», so insistiert Frau Schneider, «aber ich muß es doch wissen. Es ist für mich beunruhigend, wenn Rolf über diese Gewaltszenen lacht.»

Drei Handlungsmöglichkeiten scheinen mir – immer ein emotional normal entwickeltes Kind vorausgesetzt – praktikabel:

– Zunächst einmal eine gelassene (nicht gleichgültige) Reaktion auf die Vorlieben des Kindes, die mit einer persönlichen Bewertung der Sendung (und nicht des fernsehenden Kindes) und ihrer Themen verbunden sein kann.

– Dann sollte die Sendung, sollten die Vorlieben für konkrete Szenen als Zeichen des Kindes genommen werden, sich mit seinen Tagträu-men, Sehnsüchten oder auch feindseligen Gefühlen auseinanderzu-setzen. Diese Auseinandersetzung findet für jedes Kind immer und immer wieder statt, so lange bis es Kompetenzen entwickelt hat, sich in einer altersangemessenen Art und Weise mit Macht- und Ohn-macht-Relationen im Alltag zu konfrontieren.

– Und schließlich: Die Beliebtheit von «Tom & Jerry» deutet auch darauf hin, wie wichtig es für Kinder ist, sich an den «Großen», den Autoritäten, an den Hierarchien zu reiben. Je mehr diese sich aber widerstandslos zurückziehen, Reibung vermeiden, desto bedeutsa-mer werden entsprechende medial inszenierte Reibungsflächen. Da gerinnt die Katze zum Stellvertreter für reale Personen, die man besiegen kann. Aber zugleich kann man die Eltern mit einer Vorliebe für «Tom & Jerry» «herrlich», so Jan, «auf die Palme bringen». Der Wunsch von Kindern nach Reibung und Widerstand sollte also erstge-nommen werden, allerdings in jenem spielerisch geschützten Rahmen und nach jenen Regeln ablaufen, die «Tom & Jerry» so erträglich machen.

## «Biene Maja» und der Wunsch nach Selbständigkeit

Sonja, vier Jahre, malte im Abstand von mehreren Wochen ähnliche Bilder, die sich durch den Größenunterschied zwischen den beiden Figuren auszeichneten. Immer war eine große hinter einer kleinen Biene her. Sonja zeichnete zunächst die kleine Biene, dann die größere und achtete darauf, daß der Kontakt zwischen den beiden Figuren sehr eng war. Geriet der Abstand zu weit, benutzte sie Pinselstriche, um die Berührung zwischen der großen und der kleinen Biene herzustellen.

Erst nach dem dritten Bild war Sonja zu einer Erklärung bereit:
Das ist die Biene Maja. Dahinter ist die Königin. Die ist dabei. Und Maja reißt immer aus, die fliegt immer weg. Die will was erleben. Abenteuer. Bei Biene Maja ist immer was los, weit weg fliegt die. Aber die kommt ja doch zurück. Da braucht die Königin keine Angst zu haben.

*Frage: Ich kenn Biene Maja nicht so gut. Kommt da eine Königin vor?*

Sonja: Weiß ich nicht. Doch manchmal schon. Aber jedes Kind braucht doch eine Mutter, die aufpaßt.

*Worauf?*

Daß einem nichts passiert. Da passiert doch so viel, sagt meine Mutter.

*Was passiert?*

Ja, wenn wir nicht aufpassen auf der Straße oder so. Da gibt uns einer Süßigkeiten, und dann passiert was Schlimmes.

*Wie ist es mit der Maja?*

Na ja, der passiert ja nichts. Das ist ja auch 'n Film, und der muß weitergehen.

*Ist die Königin wie deine Mutter? Kann sie das sein?*

Meine Mutter ist netter und schöner, aber aufpassen tut sie noch viel mehr.

*Wieso?*

Sonja: Ich darf nie, was die Biene Maja darf, herumfliegen und so.

*Wie meinst du das?*

Ich soll aufpassen, vorsichtig sein. Oder ich darf nicht alleine weg. Dabei paß ich doch auf. Aber manchmal find ich meine Mutter gut. Und manchmal nervt sie auch wieder ganz schön.

Das Bild entstand im Zusammenhang mit einer Elternberatung in einem Kindergarten. Ich legte das Bild Sonjas Mutter vor und bat um ihre Interpretation. Als sie das Bild sah, sagte sie sofort: «Die Große bin wohl ich.» Sie erzählte mir von ihrer «Macke», sich sehr intensiv um Sonja zu kümmern:

«Als sie ein halbes Jahr war, habe ich mich getrennt und habe die ganze Zeit ein schlechtes Gewissen und denke, ich muß das wiedergutmachen und dann auch noch allein beweisen, ich schaff das auch so. Ich kann da nicht aus meiner Haut.»

Sonjas Mutter lebt allein, arbeitet ganztags als Sekretärin und hat noch eine zweite Tocher, die acht Jahre älter als Sonja ist. Sonja hat einen sehr duchstrukturierten Tagesablauf: Sie wird morgens zum Kindergarten gebracht, geht nachmittags zu ihrer Großmutter, hat daneben aber noch weitere Termine pro Woche, z. B. den Flöten-, den Ballett- und den Gymnastikkurs.

Wenn Sonjas Mutter nach Hause kommt, kümmert sie sich intensiv um die Tocher. Auch gemeinsames Fernsehen, gemeinsames Spiel oder Vorlesen gehören dazu. Sonja bricht häufig aus dieser verordneten Nähe aus, sucht Distanz.

Sonjas Mutter: «Ich kann da nicht mit umgehen. Ich pack das nicht, wenn sie mich nicht will.» In der letzten Zeit ist es immer häufiger zum Streit gekommen, weil Sonja «unbedingt ihren Kopf durchsetzen will. Und wenn sie ihren Bock hat, dann geht sie in ihr Zimmer und nimmt sich ihre Maja.» Sonja hat eine Maja-Kuschelpuppe, der sie immer alles erzählt. «Neulich hab ich ihr die Sendung verboten, weil sie frech war. Aber das war natürlich Eifersucht, weil dieses scheußliche Tier sich zwischen uns drängt.»

Sonja brachte mir eines Tages die Puppe mit in den Kindergarten.

*Du erzählst ihr viel?*

Alles. Das ist meine beste Freundin. Die weiß alles über mich. Der kann ich alles anvertrauen.

*Sie ist immer da, wenn du willst? Und wenn du nicht willst, dann liegt sie wohl in deinem Bett?*

Auf dem Sofa liegt sie und paßt auf.

*Spricht die Puppe denn auch zu dir?*

Ich zu ihr! Die hört nur zu!

*Kann es sein, daß die Mama so sein sollte wie die Maja auf deinem Arm?*

Sonja grinst und nickt zaghaft: «Mama will immer alles von mir wissen. Wenn ich nach Hause komm, dann muß ich immer alles erzählen. Und wenn ich was Gefährliches sag, was passiert ist, dann meckert sie immer gleich, ich soll vorsichtig sein.»

Sonja versucht, sich aus der Umklammerung ihrer Mutter zu lösen, selbständig zu werden. Die «Biene Maja» zeigt ihr Eigenständigkeit, lebt ihr Unabhängigkeit vor. Die Figur in der Fernsehserie weiß, wo sie zu Hause ist; ahnt um die Sicherheit, die ihr der Freund Willi bietet. Trotzdem fliegt sie fort, sucht sie Abenteuer, um sich zu beweisen und sich zu finden.

Wenn Sonja sich mit der «Biene Maja» identifiziert, so stellt die Beziehung keine direkte Übernahme des vorgestellten Filmmodells dar, vielmehr arbeitet sie sich an den inszenierten Situationen ab. Sie übernimmt das, was sie braucht, erkennt das, was für sie von Bedeutung ist. Und Sonja findet sich immer dann in der Biene Maja wieder, wenn sie ihre eigenen Erlebnisse und Gefühle, ihre Wünsche nach Distanz und Autonomie in einer für sie annehmbaren Weise zum Ausdruck gebracht sieht. Sonja besetzt die Biene Maja mit eigenen

Erfahrungen, sie spielt Lösungsmöglichkeiten durch und phantasiert. Dabei hält sie die Balance zwischen der inszenierten und der realen Welt.

Sonja grenzt sich trotz der Reglementierung durch die Mutter vorsichtig ab. Und die «Biene Maja» bleibt nicht nur ein Objekt der Phantasie. In Gestalt einer Puppe vermag Sonja ihre Wünsche und Phantasien im wahrsten Sinne des Wortes zu be-greifen und zu formulieren. Im Gespräch mit der Puppe kann sie ihre Frustrationen in einem Raum, den sie sich selbst gestaltet, ausdrücken und Möglichkeiten durchspielen. Sonja vergleicht eigene Erfahrungen mit den Fernsehszenen, arbeitet sich daran ab und versucht dann, diese in der Realität auf eine praktizierbare, vor allem für sie gemäße Weise umzusetzen.

Gemeinsam mit Sonja und der Mutter haben wir nach Möglichkeiten gesucht, die Autonomiebestrebungen der Tochter zu unterstützen. Sonja wollte gerne alleine in den Kindergarten gehen, ein Weg, der ungefährlich zu Fuß vom Haus der Familie zu erreichen war. Zudem sollte die Mutter ihrer Tocher mehr selbstbestimmte Zeiten und Räume gestatten, sie nicht mehr so stark, z. B. in Form des alltäglichen Rechenschaftsberichts, kontrollieren.

Nach vier Wochen berichtete die Mutter, daß Sonja die «Biene Maja»-Sendung schon zweimal verpaßt hatte: «Früher hätte das Tränen gegeben.» Sonja hatte zudem ihrer «Biene Maja»-Puppe erzählt, daß sie jetzt genauso schöne Abenteuer erleben werde wie im Film, nur sei alles «viel toller in der Wirklichkeit». Da Sonja das, was die Biene Maja symbolisierte, nun umsetzen konnte, verlor die filmische Ersatzheldin an Bedeutung.

Gleichwohl verkörperte die Biene Maja nach wie vor Autonomie und Selbständigkeit, auf die sich Sonja in der Realität orientieren möchte. Als ich Sonja ein Jahr später wiedertraf, hatte sie noch immer ihre «Biene Maja»-Kuschelphase: «Der erzähle ich jeden Tag meine Abenteuer oder meine Sorgen. Die hört immer ganz geduldig zu.» Ihr neuer Lieblingsheld ist nun «Hulk», der Held der gleichnamigen amerikanischen Fernsehserie. Wenn er sich ärgert, verfärbt er sich grün und verwandelt sich in ein gutmütiges Monster, um das Böse zu besiegen: «Mama mag nicht, daß ich das sehe. Ich schau mir das bei Patrick nebenan an.» Sonja hat in «Hulk» eine weitere Figur gefunden, mit der sie sich nun von der Mutter weiter abgrenzen kann.

Wandlungen in der subjektiven Bedeutungszuweisung an medienbesetzte Symbole weisen auch auf individuelle Entwicklungs- und Reifeprozesse hin. Bei Sonja vollziehen sich solche Entwicklungen in normalen Bahnen, bei anderen Kindern können damit Probleme verbunden sein.

## «Pumuckls» Sprache als Protest

Michael, fünf Jahre, fiel einer Erzieherin dadurch auf, daß er «immer nur noch wie Pumuckl redet. Der verdreht alle Wörter. Fast wie von heute auf morgen geschah das.» Michaels Mutter, Frau Geiger, eine Grundschullehrerin, bestätigt dies in einem Gespräch:

«Der redet nur noch Quatsch, er reimt oder er quiekt herum. Fürchterlich, diese Sendung, daß es solche Auswirkungen haben kann, hätte ich nie gedacht. Und dabei ist das doch eigentlich eine ganz gute Sendung.»

Sie bat darum, mich einmal mit Michael zu unterhalten. Als ich auf ihn zuging, um mit ihm über den Pumuckl zu reden, waren seine ersten Worte: «Hihaho, du wirst mit mir nicht froh.» Er grinste und verschwand.

Wenn ich in der Nähe war, schlüpfte Michael immer in die Rolle Pumuckls, reimte, dichtete, verdrehte Sätze und Worte. Einige Kinder machten mit, hatten allerdings nicht jene Ausdauer und jenen Eifer, den Michael an den Tag legte. Er war äußerst kreativ, wie er mit den Worten und Ausdrücken umging. Dabei konnte er sich gut verständigen. Auffällig war, daß er den Pumuckl nur spielte, wenn die Erzieherinnen oder ich in seiner Nähe waren.

Ansonsten war er still, flüsterte oder redete normal. Wenn ich ansetzte, mich mit ihm über «Pumuckl» zu unterhalten, besetzte er die Figur mit seinen Phantasien und Wortspielereien:

*Hast du gestern Pumuckl gesehen?*

Ja, haha: Nein, Wein, dein, mein!

*Versteh ich nicht!*

Verstehen! Aufstehen! Weggehen!

*Du bist ja ein kleiner Pumuckl!*

Pumuckl, du Huckl, Suckl, Nuckl!

Als ich zwei Tage später wieder in den Kindergarten kam, stand Michael mit einer Erzieherin zusammen. Er war gerade dabei, sie durch seine Reime «aufzuziehen». Ich stellte mich dazu: «Morgen, gute, Schulte, Frau: haste, biste, Kiste, wie, was , das!» Sie schaute mich völlig verstört an, ich zuckte mit den Schultern und sagte: «Wie, was, das!» Immer wenn ich nun in seiner Nähe war, redete ich in Silben und Reimen. Michael benutzte dann mit Vorliebe seine Pumucklsprache weiter. Eines Tages schlug er plötzlich vor: «Rede richtig, ich versteh dich nicht.» Ich hatte einen kleinen Zettel vorbereitet, den ihm eine Erzieherin vorlas: «Ich bin verzaubert. Ich spreche nur eine Zaubersprache. Nur du kannst mich durch einen Zauberspruch erlösen, den du erfinden mußt.» Michael zog sich zunächst zurück, kam aber nach einiger Zeit wieder und begann zu reimen. Ich schüttelte den Kopf, redete in meiner ihm nicht zugänglichen Sprache. Am nächsten Morgen dann sagte Michael einen langen Zauberspruch. Ich antwortete: «Guten Morgen, Michael.» Er strahlte: «Du kannst ja reden. Und ich kann auch reden, aber nur, wenn du da bist. Das ist unser Geheimnis.» Wir kamen allmählich ins Gespräch, und ein zentraler Satz dabei war: «Pumuckl redet so schön quatschig, den versteht keiner. Mich soll auch keiner verstehen.»

Der Rest der Geschichte ist schnell erzählt: Michael weihte seinen Vater in unser Geheimnis ein. Herr Geiger erzählte mir daraufhin, daß er und seine Frau schon früh auf «richtiges Sprechen und Diskutieren» Wert gelegt hätten. Michael steht mit seinem sprachlichen Vermögen weit über den Möglichkeiten der anderen Kinder. Er kann sich – gemessen am Alter – «gewählt» und äußerst differenziert ausdrücken. Seine Eltern führen die sprachlichen Kompetenzen ihres Sohnes bei allen außerhäuslichen Gelegenheiten stolz vor, zu Hause wird er aber immer wieder verbessert, sobald er sprachliche Fehler macht.

Für mich hat Michaels Zaubersprache mehrere Funktionen, die in einem gemeinsamen Gespräch mit den Eltern herausgearbeitet werden. Michael erkennt sich in Pumuckl wieder. Dieser verdreht und verzaubert die Welt nicht nur durch sein Wesen, sondern zugleich durch seine Sprache. Die Realität Pumuckls soll auch Michaels Wirklichkeit werden. In dem Maße aber, wie die Eltern Pumuckl ablehnen, grenzt sich Michael gegenüber den Eltern ab. «Sein» Pumuckl liefert ihm Argumente und Szenarien, in denen sich seine innere Situation widerspiegelt. Da die Eltern ihm sprachlich überlegen sind, redet er in der ihm eigenen, den Eltern unzugänglichen Sprache. Unabhängig davon verfügt Michael über ungewöhnliche sprachliche Kompetenzen. Er wird von seinen Eltern gefördert und gefordert. Seine sprachlichen Fähigkeiten sind dabei aber weniger Ausdruck von Selbständigkeit und Autonomie. Die Eltern benutzen (eher ungewollt) seine

Fähigkeiten, um sich zu spiegeln, aber auch dazu, Michael spüren zu lassen, wie sehr er auf sie angewiesen ist. Erst als er sich in Pumuckls Sprachwelt flüchtet, findet er einen ganz eigenen Weg: Durch seine Sprachspiele beweist er Eigenständigkeit und grenzt sich ab. Zaubersprache und Reime sind nicht Sprachverlust oder gar Aufgabe seiner sprachlichen Vielfalt. Sie dokumentieren vielmehr Reife, sind Zeichen dafür, mit Sprache autonom umzugehen.

Ich machte Michaels Eltern den Vorschlag, sich vielleicht mit ihm auch auf eine Zaubersprache einzulassen. Beide waren einverstanden und nahmen ihren Sohn mit seinen Sprachspielen an. Pumuckl blieb Michaels Held eine Zeitlang, hatte er ihn doch dabei unterstützt, sich mit den Eltern auseinanderzusetzen und zu einer sprachlichen und persönlichen Identität zu gelangen. Und als die Eltern meinten, «damit durch zu sein, denn er fing wieder an, normal zu reden, da fängt das mit diesem Knight Rider an. Fürchterlich», so die Mutter, «und das gefällt jetzt auch noch meinem Mann. Ich glaube, der läßt sich jetzt zu sehr auf Michael ein.»


## «Heidi» und die eigenen Konflikte

Beate, fünf Jahre, zieht sich schon seit einigen Wochen, sobald sie morgens in den Kindergarten kommt, in die Spielecke zurück. Sie nimmt sich eine kleine Puppe, die sie «Heidi» nennt, und inszeniert Gespräche, die über Wochen hinweg in immergleichen Wiederholungen verlaufen. Beate schlüpft dabei in verschiedene Rollen.

Beate: Mutti muß jetzt gehen, hörst du.

Heidi: Warum kannst du nicht bleiben?

Beate: Aber das habe ich dir doch gesagt.

Heidi: Aber was hast du mir gesagt?

Beate: Aber Heidi. Das weißt du doch.

Heidi: Mußt du gehen.

Beate: Ich hab's dir doch gesagt. Ich muß arbeiten und du mußt hierbleiben. Du bist doch schon ein großes Mädchen.

Heidi: Ich möchte nicht, daß du gehst.

Beate: So, Heidi, nun sei schön brav und bleibe hier. Heute abend bin ich wieder da.

In anderen Spielen beschimpft «Heidi» ihre Mutter, klagt sie an oder hat Wutausbrüche. Die von Beate gespielte Mutter reagiert mit großer Geduld, zugleich aber mit einer penetranten Betulichkeit. Beate kommt zudem regelmäßig zu ihrer Erzieherin, um sich aus einem «Heidi»-Buch vorlesen zu lassen. Dabei verlangt sie immer nach zwei Auszügen, in denen es um Trennung und Wiederkehr geht, darum, wie Heidi mit dem Alleinsein fertig werden muß. Beates Mutter erzählt, daß ihre Tocher auch zu Hause ein «Heidi»-Rollenspiel inszeniert. Eine Videokassette aus der «Heidi»-Zeichentrickserie sieht sie sich täglich zwei- bis dreimal an. Beates Mutter beobachtet mit wachsender Sorge, wie die «Fernseh-Heidi» das alltägliche Handeln und Spielen ihrer Tocher bestimmt.

Auf einem Elternnachmittag erzählt Beates Mutter mir, daß sie beabsichtige, wieder zu arbeiten. Dieses Vorhaben hatte sie mit ihrem Mann an mehreren Abenden so besprochen, daß Beate nichts hörte. «Ich wollte sie doch nicht beunruhigen.» Wie sich dann aber im nachhinein herausstellte, hatte Beate einmal Gesprächsfetzen gehört. Auch an den nächsten Abenden lauschte sie an der Wohnungstür. Dabei blieb der Eindruck bei ihr hängen: «Mami geht weg, um zu arbeiten. Und dann bin ich allein.» In dem «Heidi»-Film fand sie sich und ihre Situation vor allem in den Trennungs- und Abschiedsszenen wieder. Und der an der Film-«Heidi» vorgestellte Entwicklungsprozeß gewann für Beate zunehmend an Bedeutung. In ihrem Spiel drängten die in der Film- und Buchrezeption durchlebten Phantasien in die Wirklichkeit, in ihrem Spiel suchte Beate nach eigenen Lösungsmöglichkeiten. Als Beates Mutter mit ihrer Tochter im Anschluß an das Beratungsgespräch offen über ihre in Aussicht stehende Berufstätigkeit redet, nimmt die Intensität der Rollenspiele ab, die Bedeutung von «Heidi» (in Form des Buches und der Kassette) bleibt aber über längere Zeit hinweg bestehen.

Iris, sechs Jahre, setzt sich mit «Heidi» auf eine andere Art auseinander. Sie zieht sich jeden Tag zu Hause mit ihrem Kassettenrecorder zurück, um «Heidi»-Kassetten anzuhören. Iris wächst bei ihren Großeltern auf, die Eltern haben sich vor 18 Monaten getrennt. Die Mutter war – nach längeren Auseinandersetzungen – eines Morgens aus der Wohnung ohne Vorankündigung ausgezogen und hatte sich dann vier Monate nicht bei Vater und Tochter gemeldet. Iris kam zu den Großeltern und wurde dort sehr umsorgt, eine Sorge, die bald in eine

Überbehütung umschlug. Über die Mutter wurde nicht in Anwesenheit des Kindes geredet, gleichwohl bekam Iris mit, wenn sich die Großeltern und der Vater vehement über die Mutter beklagten.

Der Kontakt zur Medien-«Heidi» verlief eher zufällig, Iris bekam eine Kassette geschenkt. Von diesem Zeitpunkt an war diese aus Iris' Alltag nicht mehr wegzudenken. Iris zog sich immer häufiger zurück und hörte dabei jene Stellen auf der Kassette besonders häufig, in denen Heidi sich mit dem Alleinsein auseinandersetzte. In meinen Gesprächen mit Iris kommen Haß und Wut auf ihre Mutter («Die soll sterben.» «Die wird von einem Löwen gefressen.») und Ängste vor dem Alleingelassenwerden hoch («Ich bin doch ganz allein.» «Ich muß mir immer selber helfen.» «Keiner kümmert sich um mich.»). Wie Beate setzt sich auch Iris über «Heidi» mit ihrer Situation auseinander, besetzt Themen und Szenen der Handlung mit eigenen Phantasien, aber im Unterschied zu Beate hat die ständige Wiederholung nicht befreienden, im wahrsten Sinne des Wortes abladenden Charakter. Der Berg an Sorgen, der vor ihr liegt, wird durch das Hineinversetzen nicht weniger, Iris sitzt mit ihren Phantasien da, wo ihre Mutter sie verlassen hat, und bleibt dort auch stehen. Nicht auf eine Veränderung der Situation ist die Aneignung angelegt, sondern auf ein zwanghaftes Wiedereintauchen in eine angstbesetzte Situation. Reale Problemlösungen sind so aber nicht möglich. Während Beates Auseinandersetzung mit «Heidi» dem Aufbau von Identität dient, gestaltet «Heidi» für Iris zwar ein Stück innerer Realität, gleichwohl bleibt sie in der Welt der «Heidi» verfangen.

Um meine Überlegung vom Zusammenhang zwischen Alltagserleben und Fernsehgebrauch der Kinder aufzuzeigen, habe ich auf Sendungen zurückgegriffen, die als kindgemäß und familienfreundlich gelten, zudem wenig offene Gewalt und Aggression enthalten. Dabei zeigt sich – gerade am Beispiel von «Heidi» –, wie problematisch es ist, die Perspektive des Erwachsenen mit der des Kindes gleichzusetzen und als Bewertungsmaßstab einzurichten.

Zweifelsohne haben Kinder ihren Spaß an «Heidi». Doch läßt sich die Beliebtheit und Bedeutung von «Heidi» bei Kindern – wie beispielsweise bei Beate und Iris – manchmal auf Motive zurückführen, die Eltern gar nicht in den Sinn kommen. Offensichtlich zeigt «Heidi» kindliche Grund- und Konfliktsituationen: den Verlust geliebter Personen, Trennungserlebnisse, die Unterdrückung von Gefühlen oder die Auseinandersetzung mit «bösen» Erwachsenen. Aus der Sicht von Kindern werden in «Heidi» Verlust- und Trennungsängste oder Loyalitätskonflikte mit den Eltern präsentiert. Viele Kinder wollen «Heidi» immer wieder sehen. Zudem die Erlebnisse von Trennung und Verlust wiederholt werden, können sie, da sie meistens gut ausgehen, zur Entspannung gebracht werden. Dies gelingt Kindern übergreifend aber nur bei einer gelungenen Mutter-Kind-Beziehung. Dominieren Gefühlsdefizite, ist sich ein Kind seiner positiven Gefühle und Bindungen zur Mutter nicht sicher, dann kommen die in «Heidi» inszenierten Situationen dem kindlichen Alltag – wie es sich bei Iris zeigt – sehr nahe.

Finden Kinder ihren eigenen Alltag wieder, dann sind zwanghafte Zuwendungsformen durchaus möglich. Einerseits kommt beim Sehen das Gefühl des «Man kann es ja noch schlechter haben» hoch, andererseits weckt der Film «Empfindungserinnerungen» (Zimmermann), anders ausgedrückt: Das Kind bringt sich während des Mediengebrauchs in eine unangenehme Situation, um dabei unbewußt die Erfahrungen zu wiederholen, daß z. B. der Dialog zwischen Mutter und Kind mißglückt ist. Die Kinder delegieren ihre Konflikte bzw. die Konfliktlösung an die Medien, können damit aber die skizzierten Konflikte nicht befriedigend lösen.

Bei Kindern, die in problematischen Lebensverhältnissen leben, die kritische Lebensereignisse und -phasen durchmachen und die emotional ausgeschöpft sind, kann es dann durchaus zu einer nicht enden wollenden Bindung ihrer Probleme an symbolische Repräsentanzen, zu einer Abhängigkeit von Medien kommen. Hier erwarten Kinder die Einlösung ihrer Träume, die ihnen in Wirklichkeit nicht gestattet sind. Während bei den einen absehbar ist (z. B. bei Beate), daß sie bald genug von einem medial inszenierten Tagtraum haben, können andere (z. B. Iris) nicht genug davon bekommen. Geradezu zwanghaft suchen sie ihr Glück in den Wunschwelten der Medien.

# Kapitel 3

# So sehen Kinder fern

Der fünfjährige Markus kommt in die Küche gerannt, hält sich die Hände vor sein Gesicht. Seine Stimme klingt gepreßt: «Ich mag den nicht!» Er zittert am ganzen Körper, so als wolle er Ekel ausdrücken, ein unangenehmes Gefühl loswerden. Seine Mutter: «Was magst du nicht?» Markus: «Den da im Fernsehen!» – «Wen?» – «Den Graf Zahl!» Seine Stimme klingt ängstlich. «Und warum?» – «Weil er so komisch redet. Und der sieht so gefährlich aus.»

Markus' Mutter versteht das nicht: «Der Graf Zahl ist doch aus der Sesamstraße, und die Sendung soll doch etwas für meinen Sohn sein. Aber», sie schüttelt den Kopf, «wenn diese Figur auftaucht, gibt's Theater. Auch wenn ich dabei bin. Dann sagt er: *Mama, mach aus.* Ich weiß nicht, was mein Sohn hat. So gefährlich ist der doch nun wirklich nicht.» Sie macht eine kurze Pause, ihre Stimme wird kräftiger: «Aber Bonanza, das schaut er sich an. Mit meinem Mann. Diese wüste Sendung, da lacht er und freut sich. Kinder sind komisch.»

Tims Vater nickt: «Bei Bonanza oder anderen Western lacht Tim und tobt rum. Da machen ihm die Leichen nichts aus. Auch wenn die Pferde umfallen. Dann schaut er kurz etwas verwirrt, aber dann geht's wieder weiter mit seinem ganzen Klamauk. Dann kam neulich ein schöner Film über Tiere in Afrika. Ich hab den gesehen mit Tim. Ein toller Film über Antilopen. Und dann wurde gezeigt, wie ein Rudel von Löwen ein krankes Tier jagt und zerfleischt. Tim wurde immer stiller, hat nicht mehr gefragt. Ich hab erst spät gemerkt, der war ganz starr und steif. Dann fing er an zu weinen und war nicht mehr zu beruhigen. Und hinterher die Fragerei, das war fast nicht zum Aushalten. Und zwei Wochen lang waren nachts Löwen in seinem Zimmer. Tim konnte nicht schlafen, träumte schlecht. Und das von so einem harmlosen Film. Was muß da erst passieren, wenn er wirklich einen ganz schlimmen Film sieht?»

An diesen beiden Situationen läßt sich ein schwerwiegendes Mißverständnis der Erwachsenen veranschaulichen, wenn es um die Beurteilung des kindlichen Fernsehgebrauchs geht. Halten Erwachsene Sendungen für pädagogisch wertvoll (z. B. Vorschul- und Tiersendungen), so kommt das meist einer Seherlaubnis für Kinder gleich. Wenn Erwachsene Sendungen dagegen aus moralischen oder ethischen Gründen (z. B. wegen der Gewaltszenen) ablehnen, so kommt diese Bewertung einem Negativbescheid für den kindlichen Wunsch nach entsprechenden Produktionen gleich. Sicherlich dokumentiert diese Haltung auch Verantwortungsbewußtsein; sie darf sich aber nicht absolut stellen und die Erfahrungen, das Wissen und die Maßstäbe der Kinder unterschätzen oder gar gering achten.

Oft liegt dieser Haltung der verständliche Wunsch nach einfachen Erklärungsmodellen zugrunde: anspruchsvolle, pädagogisch wertvolle Sendungen haben «gute» Auswirkungen, aggressive Sendungen machen gewalttätig, Kinder sehen passiv fern. Nun haben nicht nur die anfangs skizzierten Situationen, sondern auch die Geschichten über die differenzierte Aneignung von Pumuckl, Heidi oder Biene Maja gezeigt, wie dynamisch und aktiv der kindliche Umgang mit Fernsehthemen sein *kann*, wie höchst unterschiedlich die Wahrnehmung von Fernsehbildern bei Erwachsenen und Kindern sich darstellt.

Das kindliche Verständnis von Filmen entwickelt sich allmählich. Wie das Lesen so muß auch das Verständnis von Fernsehbildern (die amerikanische Psychologin Greenfield nennt das viewing literacy) erlernt werden. «Viewing literacy», vielleicht am ehesten mit «Filmlesefähigkeit» zu übersetzen, umschreibt die Kompetenzen, visuelle, auditive und dramaturgische Techniken zu entschlüsseln und zu deuten. So haben Kinder bis zum achten, manchmal neunten Lebensjahr enorme Schwierigkeiten, Haupt- von Nebenhandlungen in Filmen oder räumliche und zeitliche Handlungsabfolgen zu unterscheiden. Sie haben Probleme mit den Wechseln von (Erzähl-)Perspektiven oder bei der Bewertung und Einordnung von Kameraeinstellungen (z. B. totale Einstellung, Großaufnahmen). Wie das Lesen muß das Sehen von Bildern gelernt werden – nur verläuft dieser Lernprozeß anders.

Während das Kind beim Lesenlernen auf den Erwachsenen angewiesen ist, kommt diesem beim Erwerb der Filmlesefähigkeit eine mehr unterstützende (oder hemmende) Funktion zu. Wer die Besonderheiten kindlicher Medienwahrnehmung nicht kennt oder unterschätzt, die Wahrnehmungsbesonderheiten der Heranwachsenden an der «richtigen», weil (vermeintlich) sachgemäßen Wahrnehmung von

Erwachsenen mißt, der bezeichnet die kindliche Filmkompetenz vorschnell als unzureichend, defizitär oder unsachgerecht.

Aus der Perspektive von Eltern mag es nur allzu verständlich erscheinen, wenn sie die manchmal anarchischen oder archaischen kindlichen Wahrnehmungsstile oder ihre einzelheitenorientierten Erinnerungen an Sendungen mit Worten wie «Das können Kinder nicht verstehen!» kommentieren. Dabei geht es den Kindern nur selten um das *Verstehen*, vielmehr um das *Erleben* von Sendungen. Während die Erwachsenen nach dem «roten» Faden einer Erzählung suchen, verlangen Kinder nach den ihnen bekannten und vertrauten Strukturen, nach dem omnipotenten Helden, von dem sie wissen, daß er trotz aller zu bewältigenden Gefahren am Ende siegreich bleibt. Nur weil die Kinder ihre filmischen Formate kennen, können sie sich auf die medialen Abenteuer einlassen. Ansonsten bliebe die nackte Angst, die gefühlsmäßige Überforderung und Verunsicherung. Kinder wollen «ihre» Filme nicht rational verstehen, sie wollen sie ganzheitlich empfinden. Dies zeigen ihre Wünsche nach lustigen, spannenden und erregenden Produktionen, ihr Verlangen nach Nervenkitzel.

Insgesamt ist die Wahrnehmung, das Denken und Handeln beim Kind stärker ganzheitlich, gehen Wahrnehmung, Denken und Handeln häufig mit Gefühlen und Körperlichkeit einher. Das gilt gleichermaßen für die kindliche Filmwahrnehmung. Etwas-los-Sein – dieses Kriterium bedeutet aus der Sicht von Kindern ja nicht nur höchsten Qualitätsstandard für einen Film, es umschreibt die eigenen Gefühle, das Sich-selbst-Erleben während des Sehens. Kinder lachen, schreien, kommentieren, gehen – nicht selten im wahrsten Sinne des Wortes - mit; sie ahmen die Mimik und Gestik von Protagonisten nach, sie übernehmen deren Bewegungen, lassen sich von Emotionen anstecken.

Solch (innere) Beteiligung läßt sich an zahlreichen äußeren (körperlichen) Bewegungen festmachen. Sie zeigen, daß im Kind etwas vor sich geht, der Film genauso etwas mit dem Kind macht, wie das Kind sich an der angebotenen Mediensymbolik abarbeitet. Wer Kindern beim Erwerb der Filmkompetenz und bei der Verarbeitung des Gesehenen helfen und sie unterstützen möchte, muß in der Lage sein, die Vielfältigkeit des Filmerlebens kindgemäß zu deuten und die Komplexität von Aneignungsprozessen zu entschlüsseln.

Erwachsene können Kinder während des Fernsehens beobachten oder ihnen im nachhinein bei der Aufarbeitung von Fernseherlebnissen behilflich sein. Das hört sich einfach an, ist aber gar nicht so leicht. Da übersieht man die eigenwillige Filmwahrnehmung von Kindern, die bis in die Grundschulzeit hinein von Einzelszenen beeinflußt sein kann, in denen sie eigene Wirklichkeiten widergespiegelt sehen; da verkennt man, daß Kinder Situationen manchmal als tragisch und bedrückend empfinden, die Erwachsenen gleichgültig sind; da achten Erwachsene auf Bilder (und die darin enthaltenen Grausamkeiten) und überhören die für Kinder so wichtigen Geräusch- und Musiksequenzen. Da werden Kinder während des Fernsehens in ihrem Bewegungsdrang, ihrer aktiven Beteiligung stillgelegt, was nicht nur zu einem Erlebnisverlust für das Kind führen, sondern auch erhebliche emotionale Verunsicherungen und Ängste nach sich ziehen kann.

Denn das übersehen Erwachsene häufig: Lieblingshelden oder -sendungen sind Kindern keineswegs gleichgültig, man kann sie nicht ohne weiteres austauschen.

Medieninszenierte Themen begleiten Kinder meist eine Zeitlang - bis die Kinder eigene Handlungsentwürfe gefunden oder mit Hilfe von Bezugspersonen unmittelbare und reifere Strategien entwickelt haben, ihre Probleme zu bewältigen. Dann werden die Bindungen an Pumuckl, Biene Maja oder Heidi lockerer, das Kind hat selbstbestimmte Wege gefunden, um Alltagsereignisse real und seinem Entwicklungsstand gemäß zu lösen.

«Aber wenn das so wäre», so nochmals Tims Vater, «dann wäre das mit dem Fernsehen doch nicht so gefährlich, denn wie Sie sagen, und mir leuchtet das ein, dann sind Kinder gar nicht so passiv. Also kann ich beruhigter sein. Aber gilt denn das für alle Kinder? Man liest doch auch von denjenigen, die zig Stunden und mehr vorm Kasten hocken.»

Ob die kindliche Auseinandersetzung mit der Fernsehsymbolik produktiven Charakter erhält, ist wohl nur zweitrangig eine Frage der Dauer, vielmehr eine Frage der Motivation und der Qualität des Fernsehgebrauchs. Das völlige Aufgehen in der Medienwelt, das Fernsehen als Ersatz für Kommunikation und Spiel gewinnt dann an Wahrscheinlichkeit, wenn das Fernsehen, wenn seine Angebote zum ausschließlichen Mittel der Lebensbewältigung, zur eigenen Realität werden.

Das alltägliche Fernsehen der Kinder erschwert zweifelsohne Kindererziehung, bringt zusätzliche Probleme mit sich – vor allem dann, wenn wenige Lösungsstrategien für die anstehenden fernsehbezogenen Probleme zur Verfügung stehen.

«Woran erkenne ich aber, ob mein Kind normal sieht?», so fragt Markus' Mutter mit einem sorgenvollen Unterton. «Oder ob was mit ihm ist? So einfach ist doch die Gefahr einer Fernsehsucht nicht aus der Welt zu schaffen. Ich denke, lieber früher die Grenzen zu setzen als zu spät. Aber das gibt auch wieder Krach. Ich hab da häufig den

Eindruck, das, was ich mache, ist nie richtig.» Wer sich nicht bei vereinfachenden Rezepten («Dreißig Minuten fernsehen reicht» etc.) aufhalten will, sondern zu alltagsnahem Handeln ermutigen möchte, der begibt sich nicht selten auf einen holprigen, mit Schlaglöchern gepflasterten Weg, der einen schon an den Rand der Verzweiflung, zumindest aber in ständige Selbstzweifel treiben kann.

Die Fernseherziehung von Kindern ist eine gemeinsame Aufgabe aller Familienmitglieder. Wer die verschiedene Filmwahrnehmung von Kindern und Erwachsenen akzeptiert, wer das ganzheitliche Filmerleben von Kindern zum Ausgangspunkt macht, befindet sich auf dem richtigen Weg. Voraussetzung für ein Gespräch ist eine genaue Beobachtung des fernsehenden Kindes und ein aktives Zuhören, wenn Kinder ihre Erlebnisse erzählen, und die Bereitschaft, sich auf kindliche Nachspiele im Anschluß an Fernsehsendungen einzulassen. Bedeutsam ist dabei, die Perspektive des Kindes ernst, seine Gefühle anzunehmen. Nur dann gelingt es, den Erwerb einer Filmlesefähigkeit hilfreich zu unterstützen.


### Vier Kinder vor der «Biene Maja» – ein Protokoll

Während bei Eltern die ganzheitlichen Wahrnehmungsweisen von Kindern, ihr Mitgehen und Überwältigtwerden auf Skepsis, Besorgnis und Irritation stoßen, weil sie den Verdacht auf Fernsehsucht und -abhängigkeit nahelegen, stehen bei Kindern jene Filme in der Beliebtheitsskala obenan, die die kindlichen Wünsche nach Action und Erleben voll einlösen. Was die Eltern reizt und verunsichert, empfinden Kinder als angenehm und prickelnd. Bleibt die Frage, warum actiongeladene Fernsehsendungen für Kinder so bedeutsam sind und welche Bedürfnisse und Erwartungen Kinder eingelöst sehen wollen. Um dies so konkret und anschaulich wie möglich zu beantworten, greife ich auf vier Fernsehsituationen zurück, in denen sich Kinder eine Folge aus der Serie «Biene Maja» («Die Biene Maja als Ersatzameise») ansehen. Diese Reihe kann als Beispiel einer actiongeladenen Kindersendung gelten, die bei den Kindern seit über zehn Jahren hoch im Kurse steht.

Carola ist Einzelkind. Sie sieht wenig fern («etwa vier bis fünf Stunden die Woche»). Carolas Mutter wählt die Sendungen aus und achtet dabei auf «gute Filme». Die «Biene Maja» lehnt sie ab, gestattet

Vorspann

Spiel der Tiere

Suche nach dem Deserteur

Gespräch Biene – Ameisenoffizier

Spiel der Tiere, der Deserteur
taucht auf

Gespräch zwischen der Ameise
Nr.6 («Deserteur») und der Biene
Maja

Biene Maja übernimmt die Rolle
der Ameise Nr. 6, Willi ist entsetzt

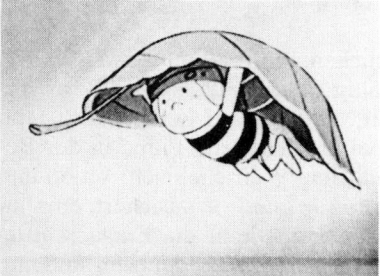

Maja ist mit den Soldaten unterwegs, sie wird ständig zurechtge-
wiesen

Szene mit der Heuschrecke

Willi und Nr.6 spielen

Lager der Ameisen

| Karola, 8 Jahre | Petra, 9 Jahre / Robert, 8 Jahre |
|---|---|
| sitzt im Sessel | sitzen auf dem Boden, beide haben vorher gespielt |
| schmunzelt, ganz gelöst | sind noch außer Atem, beruhigen sich langsam |
| «Jetzt geht's los.» Rückt sich im Sessel zurecht, sieht genau hin. | sehen die ganze Zeit ohne große sichtbare Anspannung zu, allerdings auch keine Nebenaktivitäten |
| «Deserteur. Komisches Wort!» | |
| «Da ist er.» | |
| | P: «Das muß blöd sein.» <br> R: «Wie bei uns manchmal.» |
| «Ich weiß, was kommt.» Richtet sich auf, steht dann auf, holt ein Puzzle und spielt auf dem Boden. | R: «Oh, dieser blöde Willi.» <br> P: «Willi ist 'n Feigling.» <br> R: «Geht doch gar nicht. Fällt doch auf.» |
| sieht kaum noch hin | sehen jetzt sehr intensiv hin, angespannte Sitzhaltung, keine Kommentare, wortlose Konzentration. <br> P: «Hat sie davon.» |
| K.s Mutter kommt in das Zimmer, sieht zum Apparat. «Scheußlich!» Kopfschütteln. | P: «Sauerei, Gemeinheit!» <br> R: «Die geht doch sowieso hops.» <br> P: «Du spinnst.» |
| «Karo, entweder Spiel oder Fernsehen.» Mutter macht den Fernseher aus. Karola spielt weiter. | P. steht auf, holt Bonbons, beide lutschen Bonbons. Aufmerksamkeit läßt nach. |
| Karola hört nach zwei Minuten mit dem Spiel auf, geht hinaus. Kommentar der Mutter: «Die läßt sich nur berieseln.» | R: «Nachher spielen wir weiter.» <br> P: «Langweilig.» <br> R: «Bißchen.» <br> P: «Gleich wird's noch wieder spannend, glaub ich.» |

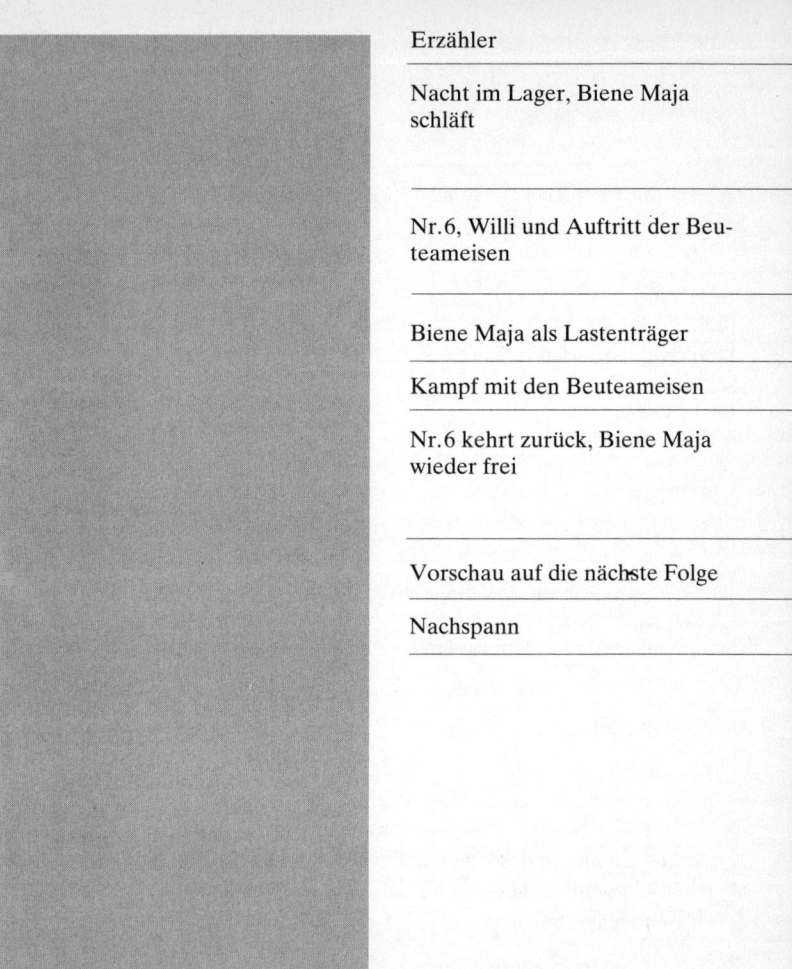

Erzähler

Nacht im Lager, Biene Maja
schläft

Nr. 6, Willi und Auftritt der Beuteameisen

Biene Maja als Lastenträger

Kampf mit den Beuteameisen

Nr. 6 kehrt zurück, Biene Maja
wieder frei

Vorschau auf die nächste Folge

Nachspann

|  | Intensität des Sehens nimmt zu.<br>P: «War knapp.»<br>R: «Ist immer so.» |
|  | R: «Kommißkopp.» Beide lachen, sehen genau hin. |
|  | R: «Brutal.» |
|  | setzen sich aufrecht hin |
|  | lachen, stehen auf und stürmen unter lautem «Maja»-Geschrei hinaus, spielen weiter. |

Vorspann

Spiel der Tiere

Suche nach dem Deserteur

Gespräch Biene – Ameisenoffizier

Spiel der Tiere, der Deserteur
taucht auf

Gespräch zwischen der Ameise
Nr. 6 («Deserteur») und der Biene
Maja

Biene Maja übernimmt die Rolle
der Ameise Nr. 6, Willi ist entsetzt

Maja ist mit den Soldaten unterwegs, sie wird ständig zurechtge-
wiesen

Szene mit der Heuschrecke

Willi und Nr. 6 spielen

| Jan, 5 Jahre | Kathrin, 6 Jahre |
|---|---|
| macht es sich in einer Sofaecke bequem, hat seine Kuschelpuppe dabei | |
| summt die Titelmelodie mit | kommt etwas später, setzt sich während des Vorspanns auf den Boden |
| lacht; macht mit seiner Puppe das Purzelspiel der Bienen nach. Puppe bleibt auf dem Boden liegen | ist amüsiert, lacht |
| als die Ameisen auftreten (mit den Worten «und eins und zwei.»): Blick auf den Bildschirm, konzentriert, keine Nebentätigkeit, ab und zu Blick auf seine Puppe | konzentrierter Blick auf den Fernseher, legt sich auf den Bauch; Kopf in die Hände gestützt |
| steht auf, holt sich ein Bonbon und legt sich ein Bilderbuch zurecht. Setzt sich wieder hin. | Zuwendung wird lockerer, sachlicher. Kathrin schaut sich hin und wieder im Zimmer um. |
| nickt, klatscht in die Hände, nimmt dann das Buch, blättert, von nun an unregelmäßiger Buchkontakt, der nur dann intensiver wird, wenn die marschierende Ameisentruppe auftritt. | |
| | schreckt auf, setzt sich in die Hocke, Hände vors Gesicht |
| | atmet durch, legt sich wieder hin |

Lager der Ameisen

Erzähler

Nacht im Lager, Biene Maja schläft

Nr. 6, Willi und Auftritt der Beuteameisen

Biene Maja als Lastenträger

Kampf mit den Beuteameisen

Nr. 6 kehrt zurück, Biene Maja wieder
frei

Vorschau auf die nächste Folge

Nachspann

| Jan, 5 Jahre | Kathrin, 6 Jahre |
|---|---|
| | lacht |
| sieht nur hin, als Flip erzählt | |
| als die Biene Maja lacht, lacht Jan mit | drückt das Gesicht auf den Boden, hält sich die Ohren zu |
| legt das Buch beiseite, holt sich die Puppe, setzt sich aufrecht hin | als die Beuteameisen entdeckt werden, steht sie auf, geht zur Tür: «Mama, komm, das ist spannend.» Kathrin geht zurück, legt sich hin, Mutter bleibt im Türrahmen stehen, Kathrin vergewissert sich, daß die Mutter da ist. |
| nimmt die Füße aufs Sofa und preßt sich ein Kissen auf den Bauch | |
| Augen weit aufgerissen, Mund weit offen, starrer Blick auf das Bild, nicht ansprechbar | Kathrin sieht gespannt zu, hält sich ein Ohr zu, schaut zwischendurch zur Mutter; Kathrin geht mit, fühlt mit |
| als die Beuteameisen verschwinden, tiefes Durchatmen, löst sich aus einer Erstarrung | als die Beuteameisen verschwinden, tiefes Durchatmen, Blickkontakt mit der Mutter |
| läßt Kissen und Puppe fallen, streicht sich über die Stirn, wischt mit beiden Händen den Schweiß im Hemd ab | «Das war toll!» Steht auf |
| steht auf, geht zur Tür mit den Worten «und eins, und zwei . . .» Der Fernseher läuft weiter. | bleibt beim Nachspann kurz vor dem Fernseher stehen. Mutter: «So, nun aus!» Kathrin: «Weiß ich.» Beide verlassen das Zimmer. |

sie ihrer Tochter «nur deshalb, weil es sonst Ärger gibt und sie die Sendung so gerne mag». Carola liest viel, besitzt eine Menge Hörkassetten und von der Mutter ausgewähltes Spielzeug.

Petra und Robert sind Geschwister, die unterschiedlich viel fernsehen – im Winter mehr, im Sommer weniger. Die meisten Sendungen sehen sie gemeinsam. Ihre «Lieblingssendungen» («zwei pro Woche») dürfen sie sich aussuchen, «aber keine aus dem Abendprogramm», so der Vater. Häufig spielen sie draußen. Die Eltern versuchen, den Zugang zum Fernsehen zu reglementieren; verfahren dabei aber nach eigenen Aussagen sehr inkonsequent.

Jan hat einen viel älteren Bruder, der nicht mehr im Hause lebt. Jan sieht relativ viel und vor allem allein fern. Seine Eltern sind beide berufstätig, er besucht zwar den Hort, geht aber häufig früher nach Hause, um «zu glotzen». Am bedeutsamsten sind ihm allerdings die Hörkassetten. Jan ist sehr viel auf sich allein gestellt. Dies gilt auch für sein Spiel.

Das Fernsehen stellt sich für Kathrin als ein Medium am Rande dar. Wichtig sind ihr Bücher, Kassetten und das Spiel mit Freundinnen. Sie darf sich bestimmte Sendungen aussuchen, die endgültige Auswahl wird in einem gemeinsamen Gespräch mit den Eltern festgelegt. Kathrin hat noch einen sechs Jahre älteren Bruder, mit dem sie gerne fernsieht. Dabei kommt es vor, daß sie «mal bis neun Uhr abends sieht. Auch schon Krimis. Das ist dann ganz schön gruselig.»


Die Fernsehsituationen veranschaulichen wohl, wie oberflächlich es ist, von *den* Wirkungen einer Sendung, gar *des* Fernsehens auf *die* Kinder zu sprechen. Es gibt keine Wirkung *an sich*. Erst indem ein konkretes Kind einer Sendung, einem Thema oder einem Helden eine Bedeutung zuweist, werden diese für das Kind bedeutsam. Ich habe es in meinen Forschungen und meiner Beratungstätigkeit immer mit Wirkungen *für sich*, eben mit konkreten Wirkungen zu tun. Ein Kind eignet sich ein Medienthema an, indem dies zu *seinem* Thema wird, indem es sich in den Handlungen wiederfindet und diese in Beziehung zu eigenen Alltagsereignissen stellt. Wie Kinder Medien nutzen, ist von vielen Faktoren, von Alltags- und Umwelterfahrungen, von Alter und Entwicklungsbesonderheiten abhängig, so daß eine genaue Beobachtung des Medienumgangs eines Kindes auch Aussagen über dessen Erfahrungen, Ängste und Phantasien zuläßt.

Dies zeigen Karola, Petra, Robert, Jan und Kathrin auf eine je individuelle Weise. An ihnen will ich einige Besonderheiten kindlicher Fernsehrezeption aufzeigen, um (auf der Basis von mehr als tausend Situationsbeschreibungen) einige Verallgemeinerungen zu versuchen.

Bei Petra und Robert tritt die ganze Vielfältigkeit des kindlichen Filmerlebens zutage. Das betrifft zunächst die Einordnung des Fernsehens und den Tagesablauf. Die «Biene Maja» stellt die einzige Sendung dar, für die sie ihr Spiel unterbrechen, weil, so Petra, «sie unsere Freundin ist und die so schöne Abenteuer erlebt». – «Fast so schön wie unser Spiel», wie Robert ergänzt. Ihre Aneignung der Sendung macht das Wechselspiel aus Spannung und Entspannung, abzulesen an der Sitz- und Körperhaltung, deutlich. Zugleich veranschaulichen beide Kinder, wie sie Schutzmechanismen einsetzen, um von der Handlung nicht überfahren zu werden: Sie reden miteinander, kommentieren, lenken sich durch Nebenaktivitäten (z. B. Bonbonlutschen) ab. Und trotzdem können sie sich dem dramaturgischen Ablauf der Sendung, der auf die Rettung in letzter Minute hinausläuft, nicht entziehen: Die Konzentration, die Intensität des Sehens nimmt zu; die sprachlichen Äußerungen geraten knapper, hören schließlich auf. Innere Bewegung dominiert, die sich nach dem Happy-End in äußerer Bewegung, in Motorik und Lautstärke entlädt. Das Nachspiel (im Anschluß an die Sendung) scheint unverzichtbarer Bestandteil der Rezeption. Nur so lassen sich die aufgestauten Gefühle abbauen, sind sie zur Entladung zu bringen. Nur so gelingt es den Kindern, sich von möglicherweise beunruhigenden Empfindungen zu entlasten. Zugleich macht Petras und Roberts Filmerleben die verschiedenen Stadien einer gefühlsmäßigen Beteiligung deutlich: Von einem wenig regelmäßigen und einem mehr sachbezogenen Kontakt am Anfang über ein intensives Mitgehen bis zu einem Mitgefühl, einer starr gebannten, gefühlsmäßigen Anteilnahme.

Diese Stadien sind auch bei Kathrin zu beobachten. Zudem kann man bei ihr gekonnte Formen im Umgang mit durch Filmszenarien hervorgerufenen Gefühlen festhalten. Sie läßt sich zunächst auf die filmischen Handlungen ein, ohne sich aber nur berieseln zu lassen. Als sie die Spannung nicht mehr aushält, sie von den Filmthemen und -dramaturgien überfahren zu werden droht, ihr Mitgefühl mit der Film-«Maja» in ein In-den-Bann-gezogen-Werden umzuschlagen droht, entzieht sie sich diesem Gefühl durch ihr eigene Schutzmechanismen (z. B. Augen und Ohren zuhalten). Aber als diese nicht den gewünschten Gefühlszustand einer Beruhigung herbeiführen, sucht und findet sie Hilfe durch ihre Mutter. Gemeinsam mit ihr steht sie das medial inszenierte Abenteuer und ihr Filmerleben durch. Zudem hilft ihr ein selbstbestimmtes Nachspiel, die aufgestauten Emotionen zu verarbeiten. Dazu Kathrins Mutter:

«Ich mußte viel lernen, um das auszuhalten. Am liebsten würde ich ja diesen Mist ausmachen. Aber Kathrin mag die Sendung. Nur braucht sie jemanden dabei. Sagen darf ich nichts, nur dasein, so daß sie mich sieht. Früher hab ich immer geredet: *Brauchst keine Angst zu haben, das ist nur ein Film*. Und Kathrin sagte: *Mami, quatsch nicht soviel*. Peter (Kathrins Bruder) sitzt doch auch nur so da. Das reicht mir schon. Seitdem mach ich das genauso. Kathrin hilft das mehr als mir. Aber besser, als wenn sie alleine glotzt.»

Die Folgen des Alleinseins werden bei Jan deutlich sichtbar. Während für Kathrin, Petra und Robert der Fernsehgebrauch einen den Alltag ergänzenden Charakter hat, weil er in eine Vielzahl von Freizeitaktivitäten eingebunden ist, sieht Jan intensiv fern, weil es ihm an realen Alternativen fehlt, weil er mittels Fernsehen Einsamkeit und Langeweile überbrückt. Einzig die Kuschelpuppe im Arm verleiht ihm emotionale Sicherheit, dient als Quasi-Bezugsperson. Während bei Petra, Robert und Kathrin die verschiedenen Stadien des Filmerlebens wechseln, geht Jan völlig in der Sendung auf. Er fiebert nicht nur mit der Biene Maja, er läßt sich mitreißen und überwältigen. Ihm bleiben keine Möglichkeiten des Rückzugs. Allein das glückliche Filmende holt ihn in die Wirklichkeit zurück. Wie intensiv seine innere Bewegung war, läßt sich an den physiologischen Reaktionen (z. B. Schweißausbrüche) ablesen. Solch starke emotionale Beteiligung verlangt nach einem unmittelbaren Abbau der angestauten Spannungen. Er verläßt den Raum, indem er seiner Lautstärke (z. B. «Und eins und zwei, und eins und zwei») und Motorik (z. B. Marschieren, Fußstampfen) Ausdruck verleiht. Das Problem: Nur kurz danach setzt er sich wieder vor den Apparat, um die nächste Sendung zu sehen.

Während Jans Eltern dem Fernsehkonsum gleichgültig oder inkonsequent gegenüberstehen, bemüht sich Karolas Mutter um eine starke Kontrolle ihrer Tochter. Nach vielen Diskussionen hat sie Karola «endlich» die «Biene Maja» gestattet, eine – aus der Sicht der Mutter – «abscheuliche Sendung, von der sie nichts hat, nur daß sie völlig aufgeregt ist». Doch Karola findet die «Maja» spannend, weil «sie so viel erlebt». Karola läßt sich freiwillig auf die Sendung ein, sucht dazu ihren Lieblingsplatz auf. Sie wirkt entspannt, hat einen lockeren Kontakt zum Thema, zeigt ein fast sachliches Interesse. Sie läßt sich allmählich von den Ereignissen in den Bann ziehen, ohne daß aber von einem wirklichen Mitgehen gesprochen werden kann. Erst als die «Biene Maja» sich auf ein neues Abenteuer einläßt – sie übernimmt die Rolle einer Ameise und begibt sich in ein ungewisses Schicksal – wird Karolas Zuwendung intensiver. Ihr Satz «Ich weiß, was kommt» dokumentiert, daß Karola die Strukturen der Serie vertraut sind. Zugleich wird ihre gefühlsmäßige Anteilnahme intensiver. Sie fühlt mit, reagiert angespannt. Als sie diese Anspannung nicht mehr aushält, steht sie auf, holt sich ein Spiel (ein Puzzle), um sich abzulenken. Sie will ihre innere Bewegung in eine äußere überführen. Sie lenkt sich zusätzlich dadurch ab, daß sie den Blickkontakt vom Apparat löst. Die Geräusche und die Musik der Sendung gestatten ihr weiter ein gefühlsmäßiges Engagement.

Wie Kathrin verfügt auch Karola über Schutzmechanismen, um sich auf eine angemessene Art und Weise vor zu erwartenden emotionalen Verunsicherungen zu schützen. Aber anders als Kathrin, die auf Hilfestellung der Mutter zählen kann, ist Karola auf sich allein gestellt. Als Karolas Mutter in die Situation eintritt, überträgt sie – ob nun gewollt oder nicht – ihre Deutung der Filmszene (die Ameisen quälen eine schlaffe Heuschrecke) auf ihre Tochter. Ihr Kommentar: «Scheußlich» bedeutet: «Das ist nichts für dich», oder: «Ich will nicht, daß du solche Grausamkeiten siehst.» So bewertet sie nicht nur die Filmszene, sondern die Bedürfnisse und Sehvorlieben ihrer Tochter. Karola umschrieb das so: «Immer wenn Mama über meine Sendungen schimpft, denke ich, sie meint auch mich.» Karolas Mutter mißdeutet auch die Funktion der Nebenaktivitäten, sie empfindet dies als überflüssige «Berieselung», nicht aber als einen notwendigen Schutzmechanismus. So hemmt sie ihre Tochter entscheidend bei der Bewältigung medialer Einflüsse.

Als sie dann den Fernsehapparat noch ausschaltet, greift Karolas Mutter sehr nachhaltig in den durchaus gekonnten Fernsehgebrauch ihrer Tochter ein. Sie bringt Karola um die Möglichkeit, das Happy-End des Films zu sehen. Gerade das glückliche Ende war – aus der Sicht von Karola – ein unverzichtbarer Bestandteil: «Ich konnte das doch alles nur aushalten, weil ich ja immer wußte, das geht gut aus. Ich wußte das zwar, aber ich mußte das immer wieder sehen.» Karolas Filmerleben stellt sich nur deshalb als lustvoll dar, weil mit dem Spannungsanstieg («Ich weiß, was kommt») ein mit dem Happy-End einhergehender Spannungsabbau verbunden ist. Wird dieser Zusammenhang aber unterbrochen, können – darauf gehe ich noch ausführlicher ein - gefühlsmäßige Verunsicherungen, ja lang andauernde Ängste die Folge sein. Karola beendet das Spiel, weil es aus ihrer Sicht ursächlich mit dem Fernsehen in Zusammenhang steht. Dieser Kontext wird durch die Intervention der Mutter unterbrochen.

Auf der Basis vieler Beobachtungen zum Rezeptionsverhalten von Kindern sind einige Verallgemeinerungen und zugleich Differenzierungen möglich. Das Filmerleben der Kinder kann – wie es der Medienpsychologe Martin Keilhacker ausgedrückt hat – als ein ganzheitliches Empfinden, eine «körperlich-seelische Einheit» bezeichnet werden, die sich durch unterschiedliche Beteiligungsgrade unterscheidet. Da ist zunächst der unregelmäßige, manchmal gleichgültige, ja gelangweilte Kontakt mit der Sendung. Die Aufmerksamkeit wechselt ständig: Auf intensivere Sehphasen folgen Phasen der Abwendung. Dieser Beteiligungsgrad findet sich häufig bei kleineren Kindern, die einer Sendung intellektuell nicht gewachsen sind, ebenso wie bei älteren Kindern, die ein Thema emotional nicht aushalten können. Ein Satz wie «Das ist langweilig» (im Angesicht einer Gewaltszene formuliert), muß nicht mit Gefühllosigkeit, gar Abstumpfung gleichgesetzt werden – er ist auch als Schutz vor unangenehmen Gefühlen, vor einem Überwältigtwerden zu deuten.

Der nächste Grad des Filmerlebens ist ein intensives Mitgehen, ein aktives Beteiligtsein. Hier findet sich eine hohe Aufmerksamkeitsintensität, ohne daß die Kinder völlig in der Filmhandlung aufgehen. Die Kinder sind mit allen Sinnen aktiv beteiligt, spannende und entspannende Erlebnisphasen wechseln miteinander ab. Solch Mitgehen darf nicht mit einem «Sich-einfach-berieseln-Lassen» verglichen werden. Auf Aktivität weisen die zahlreichen verbalen oder nichtsprachlichen Beteiligungsformen, ausgedrückt in Sätzen, Worten oder Wortfetzen, in Körperhaltung, Mimik, Gestik oder Nebenaktivitäten hin.

Ein weiterer Grad des Filmerlebens, der immer noch auf eine selbständige Aktivität hinweist, ist das Mitfühlen, die Empathie oder die emotionale Anteilnahme. Die Zuwendung zur Filmhandlung wird allerdings intensiver: Die Kinder reagieren weniger auf die Ansprache aus der Nahwelt, sie leben und agieren in ihrer eigenen Gefühlswelt. Nebentätigkeiten und Kommentare, Sprache und aktiver Mitvollzug treten in den Hintergrund, statt dessen überwiegen kurze Nebenaktivitäten und Ausrufe, um Spannungen abzubauen.

Die intensivste Zuwendung äußert sich in einem Gebannt- und Überwältigtsein. Kinder sind gefangengenommen, ihre Bewegungen sind Ausdruck großer Erregung. Kinder schwitzen. Die Pulsfrequenz steigt an, der Atem stockt oder beschleunigt sich, die Augen werden weit aufgerissen, der Mund steht offen. Entlastung ist nur noch über kleinste Gesten möglich: Die Finger gehen in den Mund oder in die

Nase, man beißt sich auf die Lippen, Hände und Finger reiben aneinander, man drückt sich in das Sofa, in das Kissen oder auf den Boden. Oder Kinder umfassen Teddies und Puppen, suchen die Nähe und den Schutz von Bezugspersonen oder vertrauten Kameraden. Die kindlichen Handlungen sind nicht mehr selbständige Aktion, sondern Reaktion, der Film hat das Kind in den Bann gezogen. Beim Überwältigtsein dürfte – zumindest oberflächlich betrachtet – das Bild vom passiv-regungslosen Fernsehzuschauer eine Bestätigung finden. Kinder versteinern, verschließen die Sinne, machen krampfartige Bewegungen. Sie können sich kaum noch vom Filmszenario lösen. Bei ihren unangenehmen Gefühlen nehmen sie eine starre Körperhaltung ein, die Augen sind aufgerissen, der Mund weit geöffnet, sie zucken mit Armen und Beinen. Entlastende Reaktionen (z. B. Wegsehen, Weggehen, Augen, Ohren oder Mund zuhalten) kommen immer seltener vor.

Gekonntes oder angenehmes Filmerleben findet für viele (der von mir befragten) Kinder dann statt, wenn sie mitgehen können, hineingezogen werden bzw. sich mitfühlend hineinversetzen in die Ereignisse und Personen. Wem bestimmte Filmformate vertraut sind (z. B. Sendungsstrukturen), der kann auch besser mit Sendungen umgehen; dies gilt insbesondere für den Einsatz von Schutzmechanismen, um sich einer emotionalen Überforderung zu entziehen.

Zweifelsohne stellt die Film- und Fernsehdramaturgie, vor allem das Nebeneinander von auditiven und visuellen Elementen mit der Aufforderung zu einer bereitwilligen Aneignung große Anforderungen an die kindlichen Verarbeitungsmöglichkeiten. Anders als bei der Hörkassette, dem Buch oder der mündlich vorgetragenen Erzählung, bei denen Kinder ihre Phantasien ihren Grenzen und Möglichkeiten gemäß ausreizen, kann das Filmszenario Kinder mit Bildern konfrontieren, die ihre Verarbeitunsmöglichkeiten übersteigen, sie in ihrem Gefühlshaushalt überfordern. Der pauschale Hinweis allerdings, *das* Kind genau deshalb vor dem Fernsehen schützen oder bewahren zu müssen, ist zu einfach und meist wenig praktikabel, denn auch im Theater, in der Oper oder im Kino wird das Kind mit Bildern und Geräuschen konfrontiert. Zur Ausbildung einer Filmlesefähigkeit gehört die Entwicklung von Distanzierungstechniken, um sich vor unangenehmen Empfindungen zu schützen: Dies können die Hilfestellung einer Bezugsperson sein, ablenkende Nebentätigkeiten, kleine, meist übersehene oder von Erwachsenen gering geschätzte Entspannungsbewegungen oder auch der (kurzfristige) Ausstieg aus der Sendung.

Die Schutzmechanismen weisen darauf hin, wie sehr Filmbilder positive Gefühle, aber auch Ängste und Verunsicherungen wachrufen und wie notwendig Entlastungsaktivitäten sind, weil so innere Bewegung in Aktivität umgesetzt werden kann. Dies gilt nicht nur für das fernsehende Kind, auch in anderen Rezeptionssituationen verschaffen sie sich Geltung – ob im Theater, im Kino, während des Vorlesens oder des Lesens. Auch hier suchen Kinder vertraute Ecken auf, knabbern etwas nebenbei, kauen an den Fingernägeln, berühren sich im Gesicht, wollen sich bewegen.

## Die unendlichen Wiederholungen

Kathrins Mutter hatte sich meine Deutung zum Fernsehgebrauch ihrer Tochter angehört; sie war nun ermutigt, ihr weitere Hilfestellung zu geben: «Das hat mich beruhigt, also hab ich eine normale Tochter, was das Fernsehen anbetrifft. (Sie atmet durch und lächelt.) Aber, warum ,verdammt noch mal, macht sie das immer und immer wieder? Sie weiß doch, die Biene Maja ist so blöd und tappt immer in die gleiche Falle. Und Kathrin reagiert fast immer gleich. Immer und immer braucht sie jemanden. Nur neulich hat's Kathrin allein geschafft, da ist sie zu mir gekommen, ganz stolz. *Na siehst du*, hab ich gesagt, *du brauchst keine Angst zu haben. – Ich hab aber Angst gehabt*, hat sie gesagt. Wissen Sie, das versteh ich nicht, warum schaut sie sich das an, wenn sie Angst hat?» Abgesehen davon, daß Kathrin Lob und Ermutigung für das selbständige Durchstehen einer für sie «gefährlichen» Situation gebraucht hätte, zeigt sich in ihrer ständigen Abarbeitung an der «Biene Maja» ein zentraler, zu verallgemeinernder Gesichtspunkt.

Der Film wird auch durch ständige Wiederholung nie langweilig. Im Gegenteil: Das Kind erlebt die Wiederholungen genauso angenehm und intensiv wie die Premiere. Anders ausgedrückt: Nur weil das Kind um die vertrauten Strukturen weiß, z. B. den siegreichen Helden, den glücklichen Ausgang, ist es bereit, sich auf die Handlung einzulassen. Je risikoloser solch Einlassen sich darstellt, um so intensiver gestattet sich das Kind Gefühle, Verunsicherungen, Ängste und Nervenkitzel, sieht es sich doch keiner wirklichen Gefahr ausgesetzt. Je tiefer die mit dem Filmerleben einhergehende Betroffenheit, je intensiver die durch das Sehen hervorgerufene Spannung, je mitreißender das inszenierte Thema, um so stärker kommt der Wunsch nach Wiederholung der vertrauten Formate: die Hörkassette, die Hunderte von Malen in immer der gleichen Laustärke fiebernd «hineingesogen» wird; die Geisterbahn auf dem Jahrmarkt, die nach anfänglichem Zögern immer und immer wieder durchfahren und mit gleicher Intensität durchlebt wird, oder das Vorlesen einer spannenden Geschichte, bei dem das Kind probiert, wieviel es an Spannung aushalten kann. Das Märchenerzählen liefert dafür ein anschauliches Beispiel: Kinder verlangen eine Zeitlang nach demselben Märchen (oder einem Repertoire), nach einer besonderen Stimmlage, einem speziellen Sprechrhythmus, nach Anfang und Ende und einer Erzählung ohne Kürzungen. Verändert der Erzähler seine Stimmlage, kommen schnell Proteste («Rede normal!»), kürzt er Stellen, verbessern die Kinder und ergänzen, verlangen nach allen Einzelheiten. Sie können das Märchen fast auswendig, erzählen es im stillen mit, und trotzdem bleibt Betroffenheit, das Verlangen nach Ganzheit.

In der Wiederholung, im wiederholten Hören und Sehen arbeitet das Kind sich immer aufs neue ab, spielt immer und immer wieder seine Wünsche, Träume und Phantasien durch, so lange, bis die mit dem Thema einhergehende Angst besiegt oder der Wunsch Wirklichkeit geworden ist – und es passiert denn von einem Tag zum nächsten, daß ein Held, ein Thema oder ein Märchen für das Kind langweilig geworden sind.


### Kleine Kinder und Mädchen zeigen mehr Gefühle

Die Entwicklung der Filmlesefähigkeit und die unterschiedlichen Grade des Filmerlebens sind neben den schon genannten Faktoren an das Alter gebunden: Je jünger die Kinder, um so mehr sind sie dem filmischen Geschehen ausgeliefert, um so eher dominiert das Gefühl, überwältigt zu werden.

Bei Vorschulkindern überwiegen angespanntere Haltungen, sind reaktivere sprachliche wie nichtsprachliche Bewegungen (Ausrufe, Arm- und Beinbewegungen, Mimik und Gestik) oder physiologische Reaktionen möglich. Hinzu kommen gefühlsmäßige Reaktionen (Angst, Verunsicherung, aber auch Freude und Lachen). Außerdem ist die Aufmerksamkeitsintensität nur von kurzer Dauer. Intensive Phasen der Zuwendung gehen nahtlos in Abweichungen oder Nebentätigkeiten über.

Erst vom *Grundschulalter* an kommt es zu einem aktiveren Mitvollzug der Handlung, wird ein tätiges Mitgehen und Mitfühlen mit

Handlung und Protagonist wahrscheinlicher, dominieren bewußtere gefühlsmäßige und ganzheitliche Engagements, treten sogenannte «flow»-Erlebnisse zutage. Diese ermöglichen eine Einheit von Erleben und Handeln, sie bringen Zeitvergessenheit mit sich, bedeuten eine geringe Unterscheidung von Selbst und Nahwelt. Die Grenze zwischen Wirklichkeit und Phantasien verschwindet, «flow»-Erlebnisse lassen die Filmrezeption zu einem bestimmenden Erlebnis werden, garantieren die Abwesenheit von Langeweile.

Erst etwa *vom elften Lebensjahr an* wächst die Distanz zum Filmgeschehen, aber nach wie vor herrschen Ausdruckserscheinungen vor, die sich an Gestik, Mimik und Ausrufen, an Körperhaltungen oder physiologischen Reaktionen festmachen lassen.

Wie *Mädchen und Jungen* auf Filme reagieren, läßt sich an Petras und Roberts Sehverhalten zeigen, die wir bei der Analyse des «Biene Maja»-Films kennengelernt haben. Als die Ameise eine Heuschrecke töten wollte, spielt Robert den abgeklärten, «coolen» Typen. Auf Petras gefühlshaltige Intervention («Sauerei! Gemeinheit!»), reagiert Robert betont lässig – ähnlich auch bei einer anderen Filmszene (Petra: «War knapp.» Robert: «Ist immer so.»).

In vielen anderen Beobachtungen zum kindlichen Filmerleben war festzustellen, daß vor allem Jungen vom neunten, zehnten Lebensjahr an ihre Gefühle während des Filmerlebens häufiger verleugnen, vor allem wenn Mädchen oder Freunde anwesend sind und es darum geht, wer am längsten angstbesetzte Filmszenarien auszuhalten in der Lage ist. Mädchen gehen mit den durch Filmszenen hervorgerufenen Gefühlen in der Regel offener um, deuten ausdrücklicher Rührung und Betroffensein an. Sie suchen Schutz und Kontakt (z. B. holt Kathrin ihre Mutter) oder kuscheln miteinander. Mädchen setzen schneller Schutzmechanismen ein, um nicht von den medial inszenierten Gefühlen überrollt zu werden. Sie gehen vorsichtiger, aber zugleich gekonnter mit ihren emotionalen Grenzen um.

Die Unterschiede werden aus den Seh-Aktivitäten deutlich, die Kinder beim Anschauen einer «Knight Rider»-Folge zeigen.

Während die Mädchen Geborgenheit bei der Erzieherin suchen, vermeiden die Jungen direkte körperliche Nähe. Sie sehen eher für sich fern, stellen Kontakt über Kommentare her.

Häufiger vollziehen sich Annäherungsversuche auch indirekt: durch kleine Knuffe, leichte Boxschläge, Rempeleien oder Fußtritte. Der weniger offene Umgang von Jungen mit ihren Gefühlen führt oft zu Fehldeutungen bei Erwachsenen: Da wird die ungeschickte (oder auch gewollte) Übermotorik als Aggression mißdeutet, obwohl sie möglicherweise auf Verunsicherung und den Wunsch nach Schutz aufmerksam macht; da wird ein Satz wie «Das ist langweilig» als Abstumpfung empfunden, obgleich er auf einen Schutz vor allzu großer Betroffenheit hinweist; oder da wird das ständige Umhergehen von Jungen während einer dramatischen Szene als fehlende Konzentration und Störung empfunden, obwohl sich hier doch innere Bewegung einen äußeren Ausdruck verschafft. Insgesamt gehen Jungen häufiger bis an die Grenze des ihnen Möglichen, trauen sich nicht selten emotional zuviel zu. Und weil sie sich gefühlsmäßig überfordern, überwiegen nach dem Sehen Übermotorik und Überreaktion.

## Eintauchen in die Filmwelt

Erinnern wir uns noch einmal an die weiter oben beschriebenen Reaktionen von Petra, Robert, Jan und Kathrin auf die Biene Maja-Sendung. Sie konsumieren «ihre» Sendung, sie nehmen «ihren» Fernsehplatz vor dem Apparat ein, sie haben die Sendung (wie natürlich auch andere Medien) mehr oder minder in ihren Tagesablauf integriert. Die Kinder gehen mit den Medien funktional, d. h. orientiert an eigenen Bedürfnissen, um. Sie leben mit den Helden Phantasien aus, stellen «gute» Gefühle her. Petra und Robert, aber auch Kathrin sehen gemeinsam fern, versichern sich des gleichen Geschmacks oder ähnlicher Interessen und grenzen damit nicht selten die Erwachsenen aus: Wer die Biene Maja nicht versteht, wer bei Heidi nicht mitleidet oder bei Pumuckl nicht mitlacht, gehört nicht dazu, kann auch nicht mitreden oder eingreifen. So wird vielleicht verständlich, wenn viele Kinder ein Fernsehverbot «als absolute Gemeinheit» empfinden, wenn Karola das Ausschalten der Sendung durch die Mutter als Eingriff in ihre Kompetenzen, als Kritik an der eigenen Person und am eigenen Selbstverständnis erlebt.

Umgekehrt werden Gespräche über Lieblingshelden oder -produkte häufig so gestaltet, daß sie Erwachsene nicht verstehen, sie gar ausschließen. Das ist den Kindern durchaus bewußt: «Kapieren die Eltern doch nicht so schnell wie wir Kinder», oder: «Kinder verstehen das viel schneller.» Der abgrenzenden Funktion nach außen entspricht eine «kommunikative» Funktion nach innen: So finden es viele Kinder toll, wenn sie sich über die Kenntnis von Sendungen, medienbesetzten Themen oder Helden in Szene setzen können – je spektakulärer der

Held und die verbale Darstellung, um so mehr steigt das Kind in der Gunst der anderen Kinder, um so mehr hängen sie an seinen Lippen.

Medien gehören zu unserem Alltag, sie dienen häufig nur als Geräuschkulisse. Oder sie sind Anlaß zu Tagträumen, zum Abschweifen. Sie werden von den Kindern gezielt dazu eingesetzt, alltägliche Enttäuschungen zu überspielen, ein «gutes Gefühl» wiederherzustellen, sich aus psychischem und sozialem Druck zurückzuziehen.

Die Faszination, die Alltagstätigkeiten und -handlungen auf Menschen ausüben können, beschreibt der amerikanische Motivationspsychologe Csikszentmihalyi mit dem Begriff «flow»-Erfahrung. Damit lassen sich auch Teilaspekte des kindlichen Filmerlebens zutreffend beschreiben. Wer sich mitreißen läßt, mit dem Helden fühlt, kann eintauchen in eine kurzzeitige, als angenehm wahrgenommene Selbst- und Zeitvergessenheit, eine nur geringe Unterscheidung von Selbst und Umwelt. Das medienbezogene Handeln hat aus Sicht eines Kindes wahrnehmbare Konsequenzen: Man erlebt sich, spürt seinen Körper, besteht Ängste, wird mit Gewaltphantasien konfrontiert usw. Solch Handeln wird als erfüllend erlebt, es bedeutet die Abwesenheit von Langeweile und die Entlastung von Beanspruchung und Leistung.

Als ich diese Gedanken während einer Gesprächsrunde mit Eltern vortrug, platzte einem Vater der Kragen: «Jetzt reicht's mir, jetzt behaupten Sie sogar, das Fernsehen sei so gut wie das Spiel. Ich seh nur, daß die Kinder nicht mehr spielen, und das Spiel ist doch nun weiß Gott wesentlich wertvoller.» «flow»-Erfahrungen sind bei vielen Tätigkeiten, nicht nur beim Fernsehen, sondern vor allem auch beim Spiel möglich – deshalb favorisieren die meisten Kinder unmittelbare Tätigkeiten, wenn ihnen das durch die Nah- und Umwelt gestattet wird. Und: «flow»-Erfahrungen, im tätigen Spiel erlebt, sind der Entwicklung von Vor- und Grundschulkindern angemessener und förderlicher. Daran besteht kein Zweifel. Doch auch das ist für mich in der Einschätzung und Bewertung des kindlichen Mediengebrauchs bedeutsam: Kinder wollen die Einheit aus Erleben und Handeln, ein sinnvolles Erleben ihrer Aktivitäten. Diese suchen sie zunächst in der tätigen Auseinandersetzung mit der Um- und Nahwelt. Wird ihnen das aber verweigert, gewinnt das fernsehbezogene Handeln an Dominanz, weil der Knopf etwas ermöglicht, was in der unmittelbaren Welt vorenthalten wird.

# Kapitel 4

# Die eigene Fernsehwelt der Kinder

Zum Superhelden-Genre zählt die Fernsehserie «Hulk», die in den siebziger Jahren produziert wurde und die auf einem gleichnamigen amerikanischen Comic aus den sechziger Jahren baut. Seit geraumer Zeit wird «Hulk» auch in der Bundesrepublik ausgestrahlt. Obgleich jetzt eher einem Kinderpublikum bekannt, gehörte «Hulk» einst zum Genre des kritischen Superhelden, der bis weit in akademische Kreise hinein seine Konsumenten fand. Kurz zum Verständnis der Story: Auf «Hulk» lastet ein Fluch. Es handelt sich um einen amerikanischen Wissenschaftler, der sich infolge eines atomaren Unfalls immer dann, wenn er geärgert und wütend wird, in einen grünlichen, überdimensionalen, dem Neandertaler vergleichbaren Muskelprotz verwandelt, ohne daß er diese Veränderung kontrollieren kann. «Hulk» befindet sich ständig auf der Flucht vor Verfolgern, hilft dabei den Schwachen und Benachteiligten, bekämpft das Böse – wenn es sein muß mittels seiner Körperlichkeit. Über diese Serie hörte ich ein Gespräch zwischen fünf- und siebenjährigen Kindern, das ich in Ausschnitten wiedergeben möchte.

Paul: Das ist 'n Riese. Der war so dick (zeigt es mit seinen Händen). Der war so, so ganz dick war der. So ein richtiger Erwachsener, aber gut war der. Der ist immer gut. Auch wenn er wütend ist.

Alexander: Nur wenn der schießt . . . (tut so, als ob er schießt)

Paul (tippt den Zeigefinger an die Stirn): Der schießt nicht, der kämpft . . .

Alexander: Der schießt doch. Dann schalt ich um. Das ist mir zu gefährlich. Dann kann ich nicht hinschauen. Nur ein bißchen. Aber wenn das vorbei ist, schalte ich wieder um.

Paul (stößt Alexander kurz weg): Der schießt aber nicht. Du hast keine Ahnung! (tippt sich wieder mit dem Zeigefinger an die Stirn)

Annette: Der ist ganz stark, stärker als 'n Indianer oder 'n Ritter. Der würd sogar meinen Vater verprügeln.

Sonja: Und der braucht kein Schießgewehr. Der hat einfach nur Kraft. Ganz viel Kraft . . .

Robert (nickt heftig, stemmt die Hände in die Hüften): Ja und da haben sie Musik gemacht (zeigt mit dem Kopf nach oben), und da ist mein Vater wütend geworden, und da ist er nach oben gerannt in die Wohnung, und da hat er geschrien. (macht eine kurze Pause) Und haben sie die Musik nicht leiser gemacht. Und da war bei Hulk auch so was. Da ist er auch hin. Da haben sie ihn nicht reingelassen. Und da ist er wütend geworden, und da ist alles geplatzt, und da hat er nur so gemacht (zeigt das mit seinen Armen), und da war er drin . . .

Sven (unterbricht): . . . Neulich da war auch Gepolter vor der Tür, und da dacht ich, jetzt kommt Hulk. Aber das war nur Papa, und der war besoffen, und da hat die Mama geschimpft und hat gesagt, gleich kotzt du wieder grün . . .

Paul (lacht): Mein Papa kotzt auch grün . . . (alle lachen laut, machen Würgegeräusche)

Sonja (ernst): Meiner nicht . . . (sie schüttelt vehement ihren Kopf)

Alexander: Meiner auch nicht, der schläft immer gleich ein.

Sven: Auch wenn mein Vater besoffen ist, dann ist der nicht gut (seine Stimme wird ernst), dann ist der bös, ganz bös, dann versteck ich mich immer ganz schnell . . . (macht sich klein)

Robert: . . . dann hat er die Bösen bestraft. Hat sie durch die Luft geschmissen . . .

Sven: Papa ist dann ein Ungeheuer. Ein richtiges Ungeheuer . . .

Sonja: Ich hab neulich ein richtiges Ungeheuer gesehen im Fernsehen. Das war ganz schön gruselig. Aber war nicht schlimm . . .

Sven: . . . nur ein richtiges Ungeheuer ist schlimm. Und wenn ich bös bin, heißt es immer (seine Stimme wird leise), nachts kommen Ungeheuer und nehmen mich mit. Dann bleib ich lange wach liegen und paß auf. Und dann hab ich meine Laserpistole in der Hand. Dann kann ich

die vertreiben. Und träumen tu ich dann auch nicht, weil ich träum
sonst von Ungeheuern . . .

(Die anderen Kinder schauen ihn etwas irritiert an)

Gina: . . . aber Hulk ist gut, der ist gut. Der ist ein gutes Ungeheuer. Und
manchmal ist's mir gruselig dabei, und dann dreh ich mich weg und
schau Papa an. Und dann sagt er: «Jetzt hast du Angst.» Aber ich sag:
«Ich hab dich so lang' nicht gesehen. Ich hab keine Angst.» Wenn ich
Angst hab, dann darf ich das nicht sehen.

Vorschulkinder und Schulanfänger nehmen subjektiv bedeutsame
Szenarien, Handlungssequenzen und Themen wahr und weniger solche, die vielleicht für den dramaturgischen Aufbau von Relevanz sind:
Nicht der «rote Faden», die «richtige» Reihenfolge ist ihnen wichtig.
Relevant ist vor allem das Gefühlsmäßige, das, woran sich Phantasien
und Assoziationen festmachen lassen. Die der kindlichen Darlegung
innewohnende Ordnung ist nicht auf die objektive (filmische) Handlung ausgerichtet, sondern ist vielmehr der eigenen gefühlsmäßigen
Betroffenheit geschuldet. Dabei können ganze Teile einer Handlung
übersehen oder schlichtweg vergessen werden. Dies macht ein Gespräch zwischen Erwachsenen und Kindern über Filme so schwierig,
vor allem dann, wenn der Erwachsene auf seinem Filmverständnis, auf
seiner Wahrnehmung beharrt. Der kurze Dialog zwischen einem
Vater und Thomas, seinem siebenjährigen Sohn, im Anschluß an
«Hulk», veranschaulicht dies.

Thomas: Hulk ist toll!

Vater: Warum?

Thomas: Das ist verdammt spannend.

Vater: Warum?

Thomas: Findest du das nicht auch spannend?

Der Vater zuckt mit den Achseln. Vater: Ich weiß nicht.

Thomas: Ist ja auch was für Kinder.

Vater: Warum meinst du das?

Thomas: Weil das spannend ist!

Vater: Was ist denn daran spannend?

Thomas: Es ist einfach spannend. Reicht doch.

Vater: Aber das ist doch völlig blödsinnig. Da wird einer grün, dann tut er anderen weh, und dann sieht man nicht mal, wie der wieder normal wird.

Thomas: Wenn er grün wird, dann wird er stark. Und dann hilft er doch. Und wenn er wieder normal ist, dann hat er das gewonnen. Ist doch klar. Du mußt das nur häufiger sehen, dann verstehst du das auch.

Hier stehen zwei Betrachtungsweisen nebeneinander: Der Vater versucht, Hintergründe für Thomas' Vorlieben zu erkunden, während Thomas sein Erleben in Worte und stereotype Formeln («das ist spannend») kleidet. Damit deutet er «flow»-Erlebnisse an, ein angenehmes Selbsterleben, Körpererfahrungen oder auch ein risikoloses Durchleben einer für ihn bedeutsamen Situation. Aufschlußreicher wäre es für den Vater gewesen, sich auf eine assoziative Gedankenkette einzulassen, wie sie beispielsweise Thomas' Freund Roman am nächsten Tag entwirft. Daraus ein kurzer Ausschnitt.

Thomas: Hast du gestern gesehen . . . ?

Roman: . . . geil, was.

Thomas: Wie der die Müllmänner genommen hat . . . (hebt die Arme hoch)

Roman: . . . und dann boing (läßt seine Arme fallen) . . . (beide lachen) Hab ich neulich auch gemacht mit einem Stuhl . . .

Thomas: Und ich wollt das . . .

Roman: Und dann mit dem (zeichnet mit Händen etwas nach) . . . da, wie der die angestiftet hat. Wußte ich gleich, daß da was war.

Thomas: Ich auch. Konnte nur der sein. Der sah schon so aus. Wie der die Pistole . . .

Roman: . . . war aber keine echte, nur eine Attrappe.

Thomas: Woher weißt du das?

Roman: Weiß ich. Sieht so aus, sieht so aus wie meine Wasserpistole.

Thomas: Hast du eine?

Roman: Sagst du das nicht weiter?

Thomas: Nein.

Roman: Bestimmt nicht?

Das Gespräch kommt auf eine Pistole, die sich Roman «heimlich» gekauft hat, streift zwischendurch nochmals Hulks Abenteuer am gestrigen Abend. Wesentlich bedeutsamer sind aber Thomas' und Romans Erlebnisse. Wer sich mit Kindern, vor allem jüngeren, auf Gespräche über deren Filmerleben einläßt, tut gut daran, sich auf einen assoziativen Stil einzustellen, Ausschmückungen von Einzelheiten hinzunehmen, aktiv zuzuhören und sich auf kindliche Deutungsmuster einzulassen. Vor allem sollte er vermeiden, die Geschichte auf «den Punkt zu bringen», «rote Fäden» herauszuarbeiten, seine Deutungen dem Kind aufzuzwingen – was nicht heißt, nicht auch seine eigene Meinung über den Film oder den kindlichen Aneignungsstil zum Ausdruck zu bringen.

Kinder – auch wenn sie noch so phantasievoll, heftig, gefühlvoll und engagiert von einem filmischen Abenteuer berichten – müssen das Produkt nicht gesehen haben. Gerade die einzelheitenorientierte Wahrnehmung gestattet es Kindern, auch dann mitzuhalten, wenn ihnen der Film unbekannt ist. Der Blick in eine Programmzeitschrift, der Abdruck eines Szenenfotos genügen, um am nächsten Tag - alle Einzelheiten des Fotos genußvoll ausschmückend – im Freundeskreis zu berichten. So haben nur Paul, Sven und Gina Erfahrungen mit «Hulk», alle anderen Beteiligten am Gespräch kennen ihn aus Erzählungen oder eben von Fotos. Annette und Sonja beispielsweise dürfen den Film nicht sehen. Sonjas «richtige Ungeheuer» stammen aus einem Dokumentarfilm über Dinosaurier. Robert und Alexander wollen sich aufspielen, zur Clique (um Paul) dazugehören, weil sie den «für einen echten Typ halten, weil der schon soviel im Fernsehen angucken darf».

Der Umgang mit kindlichen Berichten über Fernsehsendungen wird durch weitere Umstände kompliziert. Dazu noch einmal Paul: «Wenn's ganz spannend war, dann erzähl ich auch ganz gruselig.» Damit meint er, daß er sein emotionales Beteiligtsein im nachhinein ausschmückt. Der zehnjährige Bernd drückt das so aus: «Wenn's mal so richtig spannend war im Film, so schön spannend, dann erzählen wir uns das manchmal noch mal, und dann ist's noch mal so schön, manchmal noch viel schöner als während.» Der Austausch über bedeutsame Einzelheiten, die Kinder besonders berührt haben, stellt aus der Sicht der Kinder eine Form der Wiederholung eines Gefühls und eine Art von Verarbeitung zugleich dar. Die Heftigkeit von Nacherzählungen

(wie von Nachspielen) geben Aufschluß über die Intensität des Filmerlebens.

Die getreue und detaillierte Wiedergabe von Einzelheiten, vor
allem bei brutalen Szenen, kann aber auch dazu benutzt werden,
Positionen innerhalb einer Clique zu finden oder sie zu behaupten,
manchmal sogar dazu, Erwachsene zu schockieren. Hierzu Ronnie, elf
Jahre: «Wenn meine Lehrerin in der Nähe ist, fangen wir immer laut
an zu erzählen. Meist von Krimis und Horror. Einer guckt dann, ob sie
herschaut. Und dann geht's richtig los. Dann wird sie ganz starr und
geht dann nach einer Zeit weg. Schüttelt den Kopf. Und wir lachen
dann. *Lehrer erschrecken* nennen wir das.»

## Vorschulkinder sind oft überfordert

Bis weit in das Grundschulalter hinein, bis zum neunten oder zehnten
Lebensjahr, bleibt ein Kind auf konkrete, erlebte Operationen angewiesen, wenn es Erlebnisse mit der Um- und Nahwelt auf den Begriff
bringen will. Ein neuer Begriff wird nur verständlich, wenn er sich auf

nachvollziehbare Erfahrungen bezieht. Von daher kann man das Fernsehen als eine für Kleinkinder wenig adäquate Beschäftigung betrachten, wenn es um das Lernen, um das Erfahren von Welt geht. Kinder zeigen dies selbst, indem sie während des Filmerlebens ihren unmittelbaren Ausdrucksmitteln Geltung verschaffen, indem sie aktiv und tätig werden oder indem sie dem Spiel die höchste Bedeutung zumessen. Lernprozessen, die durch bzw. über das Fernsehen initiiert werden, sind also sehr enge Grenzen gesetzt. Über Medien vermitteltes Lernen gestaltet sich bis weit in die Grundschulzeit nur dann als produktiv, wenn es in einen erfahrungs- und situationsorientierten Lernprozeß eingebettet ist.

Nun gestatten viele Eltern und Pädagogen ihren Kindern Fernsehsendungen, wenn es um Pädagogik, um Wissens- und Kompetenzzuwachs geht. Dabei übersehen viele, daß die Intentionen einer Sendung nur dann zum Tragen kommen, wenn sie aufgegriffen und auf eine dem Kind gemäße Art in Unmittelbarkeit umgesetzt werden. Damit sind Fernsehproduktionen für Kleinkinder keineswegs überflüssig, sie müssen nur altersspezifische Wahrnehmungsbesonderheiten berücksichtigen.

Drei- bis fünfjährige Kinder zeichnen sich durch eine an Einzelheiten orientierte Wahrnehmung aus. Dabei kann sich die Wiedergabe durch eine große Detailtreue auszeichnen, häufiger ist jedoch eine Vermischung des Filmgeschehens mit eigenen Erfahrungen. Das Kind bevorzugt jene Situationen, die persönlichen Erfahrungen nahekommen, oder es werden eigene Realitätsreste in filmische Themen projiziert, Szenen werden voneinander unabhängig dargelegt, und es fehlt eine innere Verknüpfung der Einstellungen. Statt dessen herrscht eine Und-Summen-Auffassung («und dann . . . und dann . . . und dann . . .») vor. Zwar existiert ein Grundverständnis der filmischen Handlung, dies vor allem dann, wenn dem Kind das filmische Format vertraut ist. Die Dramaturgie fordert aber mit ihren auditiven wie visuellen Elementen eine gleichzeitige Verarbeitung der vom Kind aufgenommenen Information. Damit sind viele Vorschulkinder nicht selten überfordert.

Sechs- bis achtjährige Kinder erinnern mehr Einzelheiten, doch herrscht weiter eine «Und-Summen-Auffassung» vor. Zwar finden sich erste Versuche, chronologisch zu erzählen, ohne daß Sinnelemente verknüpft werden. Jede Handlungsphase bleibt isoliert; Einzelheiten schmückt man besonders aus. Dabei heben Kinder subjektiv bedeutsame Handlungsphasen heraus. Sechs- bis achtjährige Kinder lassen sich aber nicht mehr nur passiv überwältigen, sie suchen – emotional sichere Erfahrungen in der Nahwelt vorausgesetzt – ein selbstbestimmtes Mitgehen und Mitfühlen. Zudem verfügen sie allmählich über Schutzmechanismen, um sich vor gefühlsmäßiger Überforderung durch die Dramaturgie zu bewahren.

Erst vom neunten, meist erst vom zehnten Lebensjahr an entwickelt sich die Fähigkeit, Sendungen mit ihrer Komplexität zu begreifen. Bei fernsehgewohnten Kindern bzw. bei Heranwachsenden, bei denen der Fernsehkonsum in kommunikative Zusammenhänge gestellt ist, kann sich eine «Filmkompetenz» schon früher aufbauen. Es kommt zu ausführlicheren Darstellungen, Haupt- und Nebenhandlungsstränge werden allmählich unterschieden, aber nach wie vor sind Details und Einzelheiten wichtig. Die Szenen bleiben voneinander selbständig, stehen unabhängig vom Gesamtverlauf. Eine Vernachlässigung von Einzelheiten zugunsten des «roten Fadens» vollzieht sich meist erst vom elften Lebensjahr an.

«Ich denke», so Frau Markus, Mutter einer achtjährigen Tochter und eines sechsjährigen Sohnes, «daß die Kinder durch das ständige Fernsehen eigentlich überfordert werden. Vor allem aber treten andere Sachen, das Lesen oder das Spielen in den Hintergrund. Ich sehe das bei meinen Kindern fast jeden Tag.» – «Und anderes wird schnell langweilig: Wenn ich was erzähle, dann hören die nicht zu, sind unruhig oder unkonzentriert. Ich muß richtige Action wie im Fernsehen machen. Das kann nur die Folge vom vielen Sehen sein», ergänzt ein Vater. «Und ich denke, Kinder werden abgestumpft, phantasielos, wenn sie diese ganze Bilderflut immer wieder sehen. Das kann doch nicht gut für sie sein,» so der Kommentar einer weiteren Mutter. Wer Probleme, die sich aus dem Fernsehgebrauch von Kindern ergeben, beiseite schiebt oder verharmlost, aufbauscht oder aber zu vereinfachenden Lösungsmodellen greift, macht sich nicht selten handlungsunfähig.

### Besser verstehen und richtig handeln

Bei der Beurteilung und Bewertung des kindlichen Umgangs sehe ich zwei Problembereiche: Der eine resultiert aus der Verkennung kindlicher Wahrnehmungs- und Verarbeitungsbesonderheiten; ein anderer *kann* sich daraus ergeben, daß Kinder durch bildliche Szenarien schlichtweg überfordert sind. Dabei darf nicht übersehen werden, daß das Fernsehen nur ein Faktor unter sehr vielen ist, die Kinder stark

74

belasten. Auf einige kritische Aspekte, die sich aus dem kindlichen Filmerleben ergeben *können*, möchte ich zusammenfassend eingehen.

Frau Moser «hatte es gut gemeint». Nachdem sie mit ihrem achtjährigen Frank «Ronja Räubertocher» gelesen hatte («Das hat ihn wahnsinnig fasziniert. Ich glaube, dreimal haben wir das gelesen, manche Szenen noch häufiger»), hörte sie von der Verfilmung des Buches. Da sie bei ihrem Sohn einen sehr restriktiven Stil hinsichtlich der Medienerziehung «fuhr», wollte sie «Frank einen Gefallen tun. Das war ein gutes Buch, dachte ich, und so mußte der Film auch sein.» Sie ging mit ihm in eine Kindervorstellung und «war entsetzt. Nicht über den Film, aber über Fank und auch über mich. Frank zitterte bei vielen Szenen, hat sich fest an mich geklammert, der wäre am liebsten in mich reingekrochen. Dann hat er mal geschluchzt, aber rausgehen wollte er nicht. Das war fürchterlich, sage ich Ihnen.»

Ähnliche Schilderungen habe ich häufig gehört. Immer geht es darum, daß Eltern unvermutet heftige Gefühlsäußerungen bei ihren Kindern während des Medienkonsums feststellen. Dahinter steckt meist ein zentrales Mißverständnis. Nicht die überzogenen Action- und Krimiszenarien beunruhigen Kinder, es sind häufig jene Produktionen, die Erwachsene für angemessen halten: Tier- und Märchenfilme, Vorschulsendungen, Dokumentationen oder Literaturverfilmungen. Kinder, auch ältere, sind vor Verunsicherungen und Verängstigungen niemals gefeit, weil sie mit eigenen Alltagserfahrungen an diese Filme herangehen. Es gibt keine «harmlosen», will sagen: einflußlosen Fernsehbilder für Kinder. Das Bild macht etwas mit dem Kind, wie umgekehrt das Kind etwas mit den Bildern macht.

Je mehr medienbezogene Fähigkeiten ein Kind allerdings besitzt, um so weniger existiert die Gefahr eines Überfahrenwerdens. Z. B. Frank: Er verfügt auf Grund seiner Erziehung über sehr differenzierte Fähigkeiten, mit Sprache und Hörmedien umzugehen. Seine Wiederholungswünsche beim Vorlesen weisen auf eine emotionale Betroffenheit hin, deuten an, daß er mit den durch das Wort hervorgerufenen Bildern durchaus umgehen kann. Hier bleiben seine Phantasien seiner Vorstellungskraft überlassen, er kann sie mit seinem Wissen füllen, sich soviel zutrauen, wie er aushält. Ja, er kann sich gänzlich «falsche», d. h. ihm gemäße Vorstellungen machen, wenn er sich betroffen fühlt. Dazu Frank: «Immer wenn's im Buch gruselig wird, also wenn da ein Monster auftaucht oder wenn es spannend wird, dann stell ich mir das einfach schön vor, und dann ist das nicht so schlimm, oder ich les zuerst die nächsten Seiten, wenn das schon vorbei ist. Das war auch so beim kleinen Vampir. Die hab ich mir einfach lustig vorgestellt.»

Die Begegnung mit den Filmbildern hat Frank dagegen verunsichert, dies um so mehr, als er nur über wenig Distanzierungstechniken im Umgang mit aufregenden Bildszenarien verfügt. Sie haben ihn gefühlsmäßig gepackt und belastet. «Warum ich Ihnen die Geschichte erzähle», so Franks Mutter weiter, «weil er danach immer wieder nach dem Film gefragt hat, oder er hat in seinem Zimmer Szenen aus dem Film nachgespielt. Mich hat das genervt, immer wieder dasselbe, häufig hab ich meine Entscheidung verflucht, aber Frank wurde zusehends ruhiger. Neulich sagte er, er möchte das noch mal sehen. Ich soll ihm eine Videokassette mit dem Film ausleihen. Kann ich das machen?»

Ich habe die Mutter ermutigt, zumal ich Frank in der Zwischenzeit kennengelernt hatte. Dies aus zwei Gründen: Kinder müssen Bildlesefähigkeiten entwickeln, weil sie für das kindliche Erfahren von Welt und das Lernen unverzichtbar sind. Kinder müssen fähig sein, Bildfolgen wahrzunehmen und mit den darin gebundenen Emotionen umzugehen. Je älter Kinder werden, um so dringlicher ist dieser Vorgang. Zudem schien Frank durch seine Erzählungen, seine Spiele, seine Verarbeitungsstile auf das zukünftige Filmerleben der «Ronja Räubertochter» besser vorbereitet. So war es dann auch. Zwar ging er mit der Handlung mit, fühlte mit der Heldin, war gepackt, ließ sich hineinziehen in Thema und Handlung. Aber er war nicht völlig überwältigt und gefühlsmäßig überfordert. In den folgenden Wochen wollte er den Film noch viermal sehen, dann hatte er genug. Bei jeder Rezeption wiederholte sich sein Filmerleben, gleichzeitig nahm aber sein Vertrauen zu, sich auf die dadurch hervorgerufenen Gefühle einlassen zu können.

*Vorlesen, Lesen, Erzählen oder Fernsehen?*

Zweifelsohne passen sich die sprachlichen Medien, vor allem das Erzählen, wohl aber auch das Lesen dem kindlichen Entwicklungsstand mehr an. Vor allem den Vorschulkindern lassen sie mehr Zeit bei der Verarbeitung. Beim Erzählen kann ein Kind weghören, vor allem sich jene Phantasien gestatten, die es sich zumutet. Zudem fällt auf, daß bei der persönlichen Vorgabe einer Geschichte mehr Einzelheiten erinnert werden als bei medialen Vermittlungsformen. Dies mag daran liegen, daß der Erzähler unmittelbarer auf die Aufnahme und die Verarbeitung des Vorgetragenen eingehen kann.

Die Art einer persönlichen Vermittlung von Information läßt sich vom Prinzip her auf Fernsehdramaturgien übertragen. Damit können Fernsehsendungen so gestaltet sein, daß sie auf die Wahrnehmungsbesonderheiten von Vorschulkindern ausgerichtet sind.

Während bei «Knight Rider»-Zeichnungen nur wenige Einzelheiten – unabhängig vom Alter – wiedergegeben werden, überwiegen bei «Pumuckl»-Darstellungen zahlreicheDetails. Dies gilt auch für Sendungen wie «Löwenzahn», «Pusteblume», «Hals über Kopf», «Pan Tau», «Die Märchenbraut» oder «Der kleine Vampir». Bei diesen Produktionen unterstützt die Dramaturgie kindliche Verarbeitungsformen. Durch die immer wieder auftretenden fiktiven oder realen Erzähler werden Sammel- und Konzentrationspunkte gestaltet, in denen sich Geschichten bündeln oder über die die Story vorangetrieben wird.

Ein herausragendes Beispiel für die Art des filmischen Erzählers oder Kommentators ist Peter Lustig, der in der «Pusteblume» und im «Löwenzahn» die Zuschauer auf eine den Kindern gemäße Weise anspricht, ihre Vorerfahrungen und Aneignungstätigkeiten ernst nimmt, der bestrebt ist, die Filmthemen in die Alltagserfahrungen von Kindern einzubinden. Der Realismus der Bilder überfordert Kinder nicht, wenn der dramaturgische Ereignisablauf auf kindliche Wahrnehmungsbesonderheiten eingeht. Und solche Rücksichtnahme muß nicht mit betulich-kindertümelnden Szenarien einhergehen; sie kann vielmehr Humor, Klamauk, Bewegung und Aktion bedeuten, wie auch die ZDF-Serie «Hals über Kopf» bewiesen hat.


*Durch Fernsehen lernen?*

Kontroversen über den Sinn und Unsinn des Fernsehens geraten bei pädagogisch anspruchsvollen Sendungen aus dem Blickfeld. Immer «wenn Kinder dabei etwas lernen können», werden kindliche Fernsehwünsche von den Eltern unterstützt. Auf Grund einer Vielzahl von Untersuchungen muß es allerdings überraschen, wie leichtfertig und vorschnell aus den pädagogischen Intentionen einer Sendung auf entsprechende Einflüsse bei Kindern geschlossen wird, ja wie Lernvorgänge bei Erwachsenen mit denen bei Kindern gleichgesetzt werden. Ich betone es auch hier: Vor- und Grundschulkinder lernen und begreifen über Greifen. Dagegen vermittelt das Fernsehen mehr Wissen *über* als ein Wissen *um* einen Sachverhalt. Letzteres gelingt fast ausschließlich in der unmittelbaren und direkten Auseinandersetzung mit der Nah- und Umwelt. Gleichwohl können Fernsehsendun-

gen für die Wissensvermittlung genutzt werden. So haben meine Untersuchungen zu Vorschulsendungen wie «Pusteblume» oder «Die Sendung mit der Maus» gezeigt, daß das Fernsehen keineswegs zu intellektueller Passivität führen muß. Weil direkte Erfahrungen aus der Umwelt eine wesentliche Voraussetzung für das Verständnis bildlich vermittelter Information war, wurden die Kinder bei ihren Alltagserfahrungen abgeholt. Viele Episoden in diesen Vorschulsendungen waren so aufgebaut, daß sie an kindlichen Kompetenzen und Wissensbeständen anknüpften.

In der Arbeit mit Vorschulkindern habe ich dann versucht, einzelne filmische Episoden und Darstellungen in die Nahwelt von Vorschulkindern zu überführen. Ich ermutigte Erzieherinnen und Eltern, die in den Filmen thematisierten Gegenstände in der Umgebung aufzusuchen, der filmischen Vermittlung von Wissen die direkte Erfahrung hinzuzufügen. Damit war das Fernsehen (der Kinder) in einen direkten Lern- und Erfahrungszusammenhang integriert. Ist der Fernsehgebrauch in ein soziales und kommunikatives Netzwerk einbezogen, kommt es zu einem Ineinander von mittelbaren und unmittelbaren

Aneignungsstrategien, dann hat er zweifelsohne positive Auswirkungen auf die Kreativität, die Phantasie, das Wissen und die medienbezogenen Kompetenzen von Kindern.

Zu einer differenzierten Sichtweise gehört der Kontrapunkt. Eine Vielzahl von Forschungen über ein ausgeprägtes Vielsehen bei Kindern (die Fernsehdauer liegt zwischen drei Stunden und mehr pro Tag), dem als Motivation Flucht vor Langeweile, die Suche nach Kommunikationsersatz und das Fehlen von unmittelbaren Aktivitäten zugrunde liegt, hat ergeben, daß dies mit geringen Phantasiewerten beim Spiel einhergeht. Aber dieser Befund muß angemessen eingeordnet werden: Solch negative und hemmende Einflüsse sind niemals Resultat einzelner Sendungen, schon gar nicht *des* Fernsehens; sie sind vielmehr Ergebnis von dem, was das Kind dem Fernsehen auf Grund seiner alltäglichen Erfahrungen an Möglichkeiten, in diesem Fall: Behinderungen entgegenbringt.

*Was können Eltern tun?*

Wann immer Erwachsene kindliche Fernsehwahrnehmung beurteilen, meinen sie genau zu wissen, wonach sie schauen. Ich habe schon weiter oben darauf hingewiesen, daß Kinder das, was Erwachsene als brutal empfinden, völlig anders sehen; daß Kinder Bilder, die von Erwachsenen als tragisch empfunden werden, ganz anders wahrnehmen und verarbeiten können. Aber dann rufen wiederum filmische Situationen bei Kindern gefühlsmäßige Verunsicherungen hervor, die von Erwachsenen auf Grund ihrer ausgebildeten Abstraktionsfähigkeiten nicht besonders beachtet werden.

Ich habe in den vorangegangenen Kapiteln einige Grundsätze dargelegt, die es bei der Betrachtung, Deutung und Würdigung kindlicher Wahrnehmung zu beachten gilt. Die Wahrnehmung von Welt (und damit auch vermittelter Welt) ist ein Prozeß aktiven Gestaltens, der ganz entscheidend durch Kultur und Erziehung beeinflußt, gefördert oder gehemmt wird. Kinder sind keine passiven Empfänger, sie wählen aus den ihnen präsentierten Bildern aus, übersehen viele Aspekte, vergessen etwas, fügen anderes hinzu, entdecken viele Einzelheiten. Aktive Wahrnehmung beschreibt damit jenen Tatbestand, daß Kinder aus den ihnen vorgestellten Bilderfolgen und Handlungen das auswählen, was sie gemäß ihrer Wahrnehmungskompetenzen und Vorerfahrungen sich aneignen und verarbeiten können. Es gibt mithin eine Entsprechung zwischen den Alltagserfahrungen von Kindern und dem, was sie auf den Bildern wahrnehmen. Anders ausgedrückt: In die Bildwahrnehmung von Kindern gehen Alltagserfahrungen ein; die Bildwahrnehmung ist ohne die Alltagserfahrung von Kindern undenkbar.

Für Vorschul- und Grundschulkinder führt der Weg zum abstrakten Begriff über das Begreifen, die unmittelbare Berührung, den direkten Kontakt. Deshalb habe ich auf die Bedeutung der Unmittelbarkeit und der Anschaulichkeit für Kinder eindringlich hingewiesen. Der Mediengebrauch für Kinder stellt sich für mich als eine wichtige, die direkten Erfahrungen ergänzende und unterstützende Tätigkeit dar. Medien sind nicht minderwertig, ihre Aneignung entspricht aber nur bedingt kindlichen Entwicklungs- und Wahrnehmungsbesonderheiten. Dies wissen Kinder, dies fühlen sie, indem sie die Spannung aus direkter und vermittelter Erfahrung in Form des Spiels oder der Nachinszenierung auflösen. Kindliche Spiele oder Gespräche nach Fernsehsendungen sind niemals Imitationen, sondern der berechtigte Wunsch und das Verlangen der Kinder, Un-Begriffenes, Abstraktes (und das Fernsehbild ist ebenso wie das darin enthaltene Thema nicht zu be-greifen) in ihre eigene Realität umzusetzen. Pädagogische Handlungsmuster und Erziehungsziele haben diese Besonderheiten aufzugreifen, zu unterstützen und zu fördern. Konkret kann das heißen: Vorschul- und Grundschulkinder können nicht isoliert in die Technik und dramaturgischen Prinzipien einer Fernsehsendung eingeführt werden. Der Vermittlungsprozeß muß einhergehen mit einer Förderung der direkten Erfahrungsmöglichkeiten, z. B. mit der Förderung des Spiels. Vermittelte Erfahrungen oder Einsichten in die bildlich vermittelten Informationen werden für Kinder nur dann begrifflich und umsetzbar, wenn ihnen direkte Erfahrungen aus der Um- und Nahwelt vorausgehen bzw. mit jenen Aneignungstätigkeiten einhergehen, die Kindern vertraut und die kindgemäß sind (z. B. das Spiel, das gemeinsame Miteinander, das Gespräch).

Wenn kindliche Wahrnehmungsbesonderheiten unterschätzt, ignoriert oder verkannt werden, kann das Entwicklungsprozesse behindern oder leidvolle Konflikte hervorrufen. Solche entwicklungsbedingten Wahrnehmungsbesonderheiten werden oft als Mangel, als Fehler, als Problem, gar als Defizit betrachtet. Statt den kindlichen Ansprüchen nach Kontakt, Bindung, Gefühl und Wärme während des Sehens gerecht zu werden, herrscht nicht selten ein kühler, strenger Rationalismus, dem soziale Zuwendung und Geborgenheit fehlen.

Hilfestellung und Unterstützung erfahren die Kinder dann, wenn Erwachsene die Stufen kindlichen Filmerlebens durch Beobachtung verstehen lernen; wenn sie versuchen, die eigenwillige und perspektivische Wahrnehmung von Filmthemen zu begreifen und ein passives von einem selbstbestimmten Überwältigtwerden zu unterscheiden in der Lage sind. Vor allem aber: Kinder brauchen Zeit und Raum, die «emotionale Gedächtniswirkung» (Hertha Sturm) von Filmen abzuarbeiten. Genauso wichtig wie die Auswahl von Fernsehsendungen für Kinder ist die Zeit und der Raum danach, den Kinder benötigen, um den eigenen Phantasien und Vorstellungen Geltung zu verschaffen. Ob sie von diesem Angebot Gebrauch machen, ist ihre Sache. Viele Kinder müssen nach dem Sehen von Fernsehsendungen («So, nun aber schnell ab ins Bett!») sofort ins Bett, sollen möglichst schnell einschlafen. Dies ist aber gerade nach einer sehr spannenden Sendung nahezu unmöglich. Wer Kinder in der Nachbereitungsphase «stillegt», muß mit Schlafstörungen oder einem unruhigen Schlaf rechnen.

Eltern sollten auch daran denken: Falls sie mit ihren Kindern gemeinsam fernsehen, sollten sie nicht den Besserwisser oder den gutmeinenden Beschützer spielen. Vor allem ältere Kinder wünschen sich Gleichaltrige als Sehpartner, weil diese solidarischer sind, intensiver und mitfühlender das Filmerleben nachvollziehen können. Erwachsene dürfen in Aktion treten, wenn ein Kind allein sieht oder die Gefahr einer Überforderung besteht – ganz so, wie es Kathrin anfänglich praktiziert hat.

Zurückhaltung ist auch bei der Nachbereitung vonnöten. Wohlmeinende Erwachsene versuchen unbedingt ein Gespräch anzufangen, weil es, wie eine Mutter sagt, doch überall steht, man solle hinterher mit den Kindern reden. Aber solch «Reden» wird häufig zu einem Zerreden, zum Zwang, zu einem Gespräch über und nicht einem Gespräch mit den Kindern. Probleme ergeben sich zudem, wenn auch noch die Gesprächsthemen bestimmt werden. So erlebe ich es, daß Eltern – mit besten Absichten selbstverständlich – Gesichtspunkte einer Sendung thematisieren, die Kinder nicht interessieren, die sie gar nicht wahrgenommen hatten oder vielleicht übersehen wollten. Nicht allein das Filmerleben kann Kinder überfordern, auch im nachhinein können Kinder mit Gefühlen konfrontiert werden, die sie belasten. Ähnliches gilt im übrigen für die dialogische Aufarbeitung von Gefühlen, die durch Bücher oder Erzählungen hervorgerufen werden. Nachgespräche, die an der Perspektive des Erwachsenen ausgerichtet sind, führen zu Verunsicherungen, weil die in der Vorstellung der Kinder unbestimmten Bilder nun ausgefüllt werden. Damit sind Gespräche zur Nachbereitung keineswegs überflüssig. Sensibilität und Einfühlungsvermögen vorausgesetzt helfen solche Gespräche dann, wenn die Bereitschaft vom Kind ausgeht, wenn das thematisiert und ausgelotet wird, was ein Kind an Problemen und Fragen, an Kommentaren und Hinweisen mitbringt. Kinder sind überfordert, wenn die Eltern sie dazu benutzen, eigene Probleme auf die Filmthemen oder die Verarbeitungsstile der Kinder zu übertragen.

# Kapitel 5

# Macht das Fernsehen angst?

Das ist neben der Frage nach den Aggressionen ein weiterer Bereich, der Eltern und Erzieherinnen stark beschäftigt.

«Können Fernsehsendungen angst machen, und kann das zu bleibenden Schäden führen?» Dabei meinen viele Erwachsene die Antwort von vornherein zu wissen: Schließlich beobachtet man oft genug, wie tage- und nächtelang Gespenster und Monster durch die kindlichen Angst- und Alpträume, durch Keller und Kinderzimmer geistern.

«Seit meine Tochter intensiver fernsieht, geht das mit ihren Ängsten so richtig los. Begonnen hat's mit den Märchen. Da hab ich zwar dosiert, aber Gewalt und Monster gehören nun mal zum Märchen dazu», so klagt Silvias Vater. «Ich dachte, ich könnte sie angstfrei erziehen, aber das war wohl ein Irrtum. Ich kann ja nicht überall Grenzen ziehen und ihr einen Schonraum bauen.»

Mediale Szenarien können nicht angst machen, aber sie können Gefühle wachrufen, können erwünschte wie unerwünschte Phantasien vor Augen führen, auf die ein Kind dann mit Angst, Unsicherheit oder Betroffenheit reagiert. «Aber», so insistiert Silvias Vater, «ich denke mir, muß das denn sein, daß man Kindern so früh und überhaupt mit Ängsten kommt, mit diesen gräßlichen Monstern, diesen Gespenstern usw.?» Man mag mit vielen Szenarien, Phantasmen und Grausamkeiten, mit Geräuschen, Musik und Stimmen von Sendungen, Filmen und Serien (zu Recht) nicht übereinstimmen, aber Erziehung muß Kindern dabei behilflich sein, mit Ängsten, «guten» oder «schlechten» Gefühlen umzugehen. Sie werden nicht dadurch bewältigt, daß man ihnen aus dem Weg geht, sie vermeidet oder verdrängt; es ist vielmehr notwendig, Kinder auf eine lebenslange Auseinandersetzung (auch) mit unerwünschten Emotionen vorzubereiten.

Die Heftigkeit, mit der man über Medien und Angst streitet und

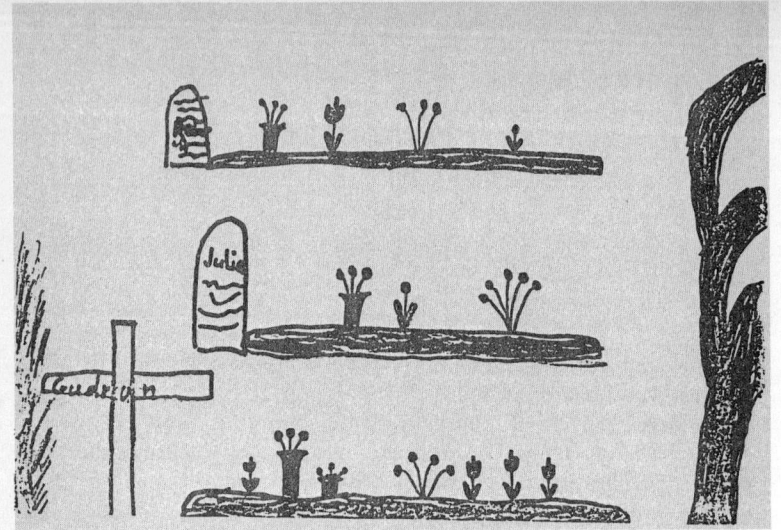

Gudrun, acht Jahre: «Ich hab manchmal Angst, daß ich sterbe, und da denk ich, kann man nicht mehr so schöne Sachen machen. Das da ist mein Grab und dann das von Julia, weil die gesagt hat, wenn ich sterb, kommt sie mit. Oben ist das Grab von meinem Opa, den hab ich lieb gehabt.»

Jessika, neun Jahre: «Das links bin ich, und da rechts kommt ein Monster hinter mir her. Ich laufe weg, aber ich kann mich nicht verstecken. Da bin ich gelaufen und gelaufen und das Monster ist immer hinterher. Und als ich das nicht mehr aushalten konnte, ist die Sonne aufgegangen, da in der Mitte.»

**David, neun Jahre: «Mein Papa sagt immer, wenn ich nicht artig bin, dann kommen Löwen in mein Zimmer und fressen mich.»**

nach einfachen Erklärungen sucht, zeigt, wie – unbewußt – auch Anteile der Eltern, z. B in Form von Verunsicherung, Inkonsequenz oder Hilflosigkeit, berührt sind. Kinder brauchen keine Sündenböcke für ihre Ängste, aber Unterstützung, um mit ihnen zu leben. Erhält ein Kind keine Möglichkeit, Angst in angemessener Weise zu ertragen und schöpferisch zu bearbeiten, stört das seine gefühlsmäßige Entwicklung. Ob und mit welcher Intensität hier Medien eine fördernde wie einengende Funktion zukommt, ist eine ganz zentrale Frage in der kindlichen Fernseherziehung. Einfache Rezepte helfen kaum – eher die Bereitstellung von Argumenten, um zu eigenständigen und individuellen Lösungen zu gelangen.

## Kinder zeichnen und erzählen ihre Ängste

Die Bilder und Zitate sind im Zusammenhang mit Fortbildungs- und Elternveranstaltungen oder in der Beratungstätigkeit entstanden. Etwa 700 Kinder im Alter zwischen vier und elf Jahren waren daran beteiligt. Die Auswahl der Kinder geschah nicht unter repräsentativen Gesichtspunkten, so waren Kinder aus dem ländlichen Raum oder aus sozialen Brennpunkten überrepräsentiert. Die Bilder und Geschichten vermögen einen ersten und vorläufigen Eindruck von der Vielfältigkeit kindlicher Ängste und der schöpferischen Form von Angstbewältigung zu geben.

Michaela, acht Jahre: Wir ziehen bald um, ich will nicht. Und da hab ich Angst davor.

Gudrun, sechs Jahre: Wenn ich Märchen hör, dann träum ich von einer Hexe. Die trägt mich auf ihrem Besen weit weg.

Philipp, sieben Jahre: Ich habe Angst, wenn ich im Keller alleine bin.

Moritz, sechs Jahre: Ich habe Angst, wenn ich im Dunkeln alleine bin.

Boris, fünf Jahre: Manchmal geht meine Mutter einkaufen, und ich bleibe allein zu Hause. Dann hab ich Angst, daß ihr etwas passiert, und ich bin dann allein, und ich weiß nicht, was ich machen soll.

Simona, sechs Jahre: Ich träum von Gespenstern. Und dann ruf ich *Hilfe* oder *Mama*. Dann kommt sie und tröstet mich.

Sarah, zehn Jahre: Meine Mutter ist immer so nervös, wenn sie von der Arbeit kommt. Und dann schlägt sie mich schnell.

Daniela, fünf Jahre: Mein Bruder macht mir immer so angst. Der ärgert mich.

Sarah, neun Jahre: Neulich mußte ich vom Dreier springen, hat Papa gesagt. Und dann hat der geschimpft, weil ich nicht gesprungen bin. Und dann hab ich so arg Angst gehabt.

Melanie, sechs Jahre: Wenn Papa und Mama streiten, dann hab ich Angst, weil Papa dann immer weggehen will, sagt er.

Tim, vier Jahre: Die lauten Düsenjäger, das find ich schlimm.

# Formen kindlicher Ängste

Aus den über 1500 Bildern und Geschichten ergibt sich – unabhängig von Alter, Schicht und Geschlecht – eine Rangfolge kindlicher Ängste:

1. Gespenster, Halbwesen, Monster; Räuber, Mörder, Einbrecher
2. Tiere
3. Allein- und Verlassensein
4. Dunkelheit
5. Katastrophen, Feuer, Wasser, Krieg
6. Gewitter, Blitze
7. Schmerz, Verletzung
8. laute und plötzliche Geräusche
9. Alp- und Angstträume, Ineinander von Phantasie und Realität
10. Leistungsdruck, Überforderung des Kindes
11. Angst vor Vater, Mutter oder Autoritätspersonen
12. Realerfahrungen aus der Familie, Inkonsequenz in der Erziehung, häufige Sanktionen, Einschüchterung, Stressfaktoren in der Familie, emotional «leeres» Milieu
13. Tod
14. Offene oder geschlossene Räume
15. Unbekannte Situationen, fremde Menschen
16. Furcht bei anderen

Angst zählt zu den Grundgefühlen beim Menschen, die entweder angeboren oder aber in einer sehr frühen Phase der kindlichen Entwicklung erworben werden. Angst kann einschüchtern, die Entwicklung hemmen, aber Angst ist eben auch sinnvoll, nützlich, unentbehrlich und lebenserhaltend; ohne Angst wäre der Mensch schlicht lebensunfähig. Deshalb sind bestimmte Ängste (z. B. Verlustängste, das Fremdeln oder die Trennungsangst) schon in den ersten drei Lebensjahren da – längst bevor ein Kind mit Medien bewußt in Kontakt kommt. Angst umschreibt einen Zustand körperlicher Erregung und gespannter Aufmerksamkeit, sie signalisiert Gefahr und übernimmt so die nützliche Aufgabe des Schutzes. Man spricht von Realängsten – Ängste mithin, die auf ein wirkliches, objektives Gefahrenmoment hinweisen. Für Säuglinge und Kleinkinder können dies laute und plötzliche Geräusche, Gewitter oder Blitze, Dunkelheit, fremde Per-

Björn, acht Jahre: «Das ist ein Drache, der fliegen kann, und der macht mit seinen Augen Atomstrahlen. Und die sind jetzt überall und haben alles verseucht. Der Drache kommt aus einem Atomwerk, das ist explodiert. Und jetzt kommt Dracula und schießt auf das Atomwerk. Aber der kann nichts machen, gar nichts machen. Der fliegt wieder in sein Schloß zurück. Der Drache ist noch überall, nur wir können ihn nicht sehen. Davor hab ich Angst.» (Björn hat dieses Bild nach dem Unglück von Tschernobyl gemalt.)

Ben, neun Jahre: «Ich hab mal 'nen Film über eine Riesenameise gesehen. Und dann hab ich gedacht, was ist, wenn die dich jetzt frißt und packt. Dann bin ich tot. Aber da kommt der Polizist und erschießt die Ameise.»

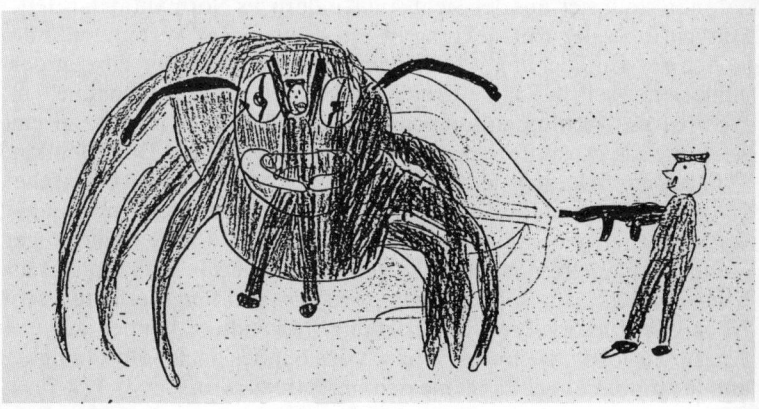

sonen, große Höhen, aber auch die Angst vorm Verlassenwerden, der Entzug von Körperkontakt sein.

Daneben gibt es irreale Ängste, deren Ort in der Phantasie liegt. Während die Realangst meist an entwicklungsbedingte wie situationsspezifische Ereignisse gebunden ist, gründen die irrealen Ängste auf archetypischen Überresten, auf Regungen, Spuren der Menschheitsgeschichte. Irreale Ängste – z. B. vor Gespenstern, Monstern, wilden Tieren, Vampiren oder Kobolden – besetzen Kinder von einem Tag zum andern, begleiten, verunsichern sie, belasten das Familienklima und verschwinden häufig wie von selbst. Auch irreale Ängste sind abhängig von der Entwicklung, weisen darauf hin, daß das Kind häufig etwas anderes fürchtet als das, was es als angsterregend bezeichnet. So ist denn die Bindung der Angst an ein Objekt durchaus ein Fortschritt in der Angstbekämpfung und -verarbeitung. Da kein Mensch ständig in Angst leben kann – dies führt zu Blockaden und Entwicklungshemmungen –, schützt er sich, indem er seiner Angst einen Namen gibt. Psychoanalytiker sprechen davon, daß Kinder ihre oral-sadistischen Regungen (beißen, verschlingen, alles in den Mund nehmen) an bissige Monster, aufkommende Aggressionsängste (gegen die Eltern, vertraute Personen) an böse, schwarze Männer, an Mörder und Gespenster binden. Namenlose Ängste verunsichern dagegen. «Ich hab Angst, aber ich weiß nicht wovor», erzählt Patrick, fünf Jahre. Er versucht, seinen Ängsten eine Gestalt zu geben, übermalt sie dann aber immer wieder mit seinen Kritzeleien.

Ich betone es noch einmal: Reale wie irreale Ängste sind abhängig von psychischen Reifungsprozessen, an Lebensereignisse, an Alter und Entwicklungsphasen gebunden. Was den Eltern häufig Sorge bereitet, stellt sich aus der Sicht von Kindern als Normalität dar. Jeder Fortschritt in der Entwicklung ist meist mit Angst verbunden, führt jedoch zur Entdeckung von Neuem, Unbekanntem wie zur Entdeckung seiner selbst. Einige Ereignisse können das veranschaulichen.

So ist die Achtmonatsangst, das «Fremdeln», gebunden an eine zunehmende Ausdifferenzierung der Wahrnehmung. Das Kleinkind lernt bekannte Bezugspersonen von fremden Personen zu unterscheiden; es setzt sein Bedürfnis nach Geborgenheit mit der Anwesenheit von Sicherheit gebenden, vertrauten Personen gleich. Je fremdartiger, undurchschaubarer und bedrohlicher sich die Gesamtsituation für das Kind darstellt, um so intensiver wird das Bindungsverhalten sein. Aber Überfürsorge und übertriebene Zuwendung können zugleich Ängste auslösen, wenn der Wunsch des Kindes nach Selbständigkeit und Autonomie nicht angemessen unterstützt wird.

Dies gilt vor allem für den Beginn des Gehenlernens, mit dem die augenscheinliche Lösung von der Mutter und dem Vater verbunden ist. Voraussetzung für die eigenständige Erkundung von Welt ist das Gefühl von Geborgenheit. Je sicherer der Rückhalt bei den Eltern, um so eher sind individuelle Schritte in die Welt möglich. Einengende oder dominierende Erziehungsstile fördern dagegen Unsicherheit, Unselbständigkeit und Trennungsängste. Damit wird häufig die Sensibilität für das Neue unterdrückt; Entwicklungsstörungen, Trotz oder Regression können die Folge sein.

Je älter die Kinder werden, desto mehr erleben und erfahren sie eine Vorstellung vom eigenen Körper. Aber mit der Entdeckung der Körperlichkeit geht die Entdeckung für physische Gefahren und für eigene Anfälligkeiten einher. Kinder fühlen sich bedroht – meist durch Tiere oder übernatürliche, phantastische Geschöpfe, die das Kind verletzen, in es eindringen, es zerstören oder vernichten wollen. Kinder definieren Identität auch über körperliche Unversehrtheit, je brüchiger sich kindliche Identität aber darstellt, um so intensiver werden die irrealen Ängste empfunden, um so dominierender wird die Bedrohung oder die Vernichtung durch Tiere sein. Oder umgekehrt formuliert: Je stärker das Vertrauen in die eigene Kompetenz, die eigene Kraft, das eigene Selbst, um so unbedeutender werden manche Vernichtungsängste; kein Wunder also, wenn die Tierängste mit zunehmendem Alter – von Ausnahmen abgesehen (z. B. die auf Realerfahrungen basierenden Tierängste) – nachlassen.

Mit zunehmendem Alter treten zu den realen und irrealen die sozialen Ängste, die sich zunächst aus dem familiären Zusammenleben und Spielregeln, später aus den schulischen Kontexten oder Anforderungen der Umwelt ergeben können. Der Psychologe Arnd Stein führt solche Ängste auf das «Bankkonto» der Erziehung zurück, darauf, daß Kinder häufig mehr Ablehnung als Zuwendung erfahren, mehr gegnerische Partei denn Partner sind oder mit inkonsequenten Erziehungspraktiken nur schwer umgehen können.

Kinderängste sind Zeichen für Reife, sie haben mit kindlicher Suche nach Neuem und nach Selbständigkeit zu tun. Kinder drücken sich auch über Ängste aus, sie fürchten sich nicht selten vor völlig anderen Situationen, Gefühlen oder Personen als denen, die sie als angstregend bezeichnen. Und: Kinderängste weisen auf Angewohnheiten und Unsicherheiten hin, die Eltern sich weigern zu sehen. Dies erschwert zweifellos den elterlichen Umgang mit kindlichen Ängsten, macht den Umgang mit den durch Medien hervorgerufenen, gefühlsmäßigen Bedrohungen oder der Angst-Lust so verkrampft. «Ich weiß

Andi, zehn Jahre: «Neulich war da ein Überfall von Gangstern. Die sahen aus wie Dracula. Ich weiß nicht mehr wo. Das kam in den Nachrichten. Und die haben dann ein Mädchen getötet. Die ist dann gestorben. Aus nächster Nähe haben sie sie erschossen. Da konnt ich überhaupt nicht schlafen.» (Andi hat hier das Geiseldrama von Gladbeck gemalt.)

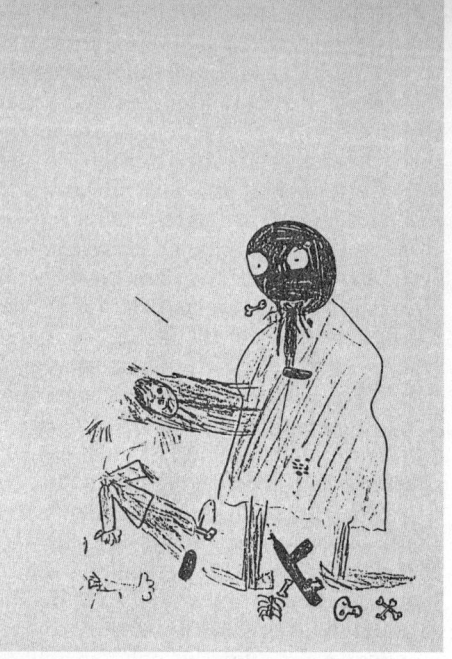

Bianca, neun Jahre: «Wenn ein Mord im Fernsehen passiert, und ich bin allein, und es ist dunkel, dann hab ich Angst. Dann ruf ich um Hilfe. Aber es kommt keiner. Dann geh ich in mein Zimmer hinterher, dann leg ich mich unter die Decke.»

nicht», so eine Mutter in einem Gespräch, «worauf das hinausläuft, wenn ich mich darauf einlasse, mich mit meinem Sohn über die Angst zu unterhalten, z. B. über den Krieg. Der kommt dann vom Hundertsten ins Tausendste, und mit einemmal bin ich bei mir oder wir bei uns. Das fängt doch immer harmlos an, und dann ist man beim Tod. Dann merk ich, das Herz klopft mir rasend. Dann spricht er Dinge an, da bin ich verblüfft. Der redet da wie selbstverständlich, und ich – ich bin gehemmt.»

## Horrorbilder aus dem Fernsehalltag

Über 500 Kinder (im Alter zwischen vier und elf Jahren) haben Bilder zum Themenkomplex «Was mir beim Fernsehen angst macht» gemalt. Gleichzeitig haben sie ihre Eindrücke dazu wiedergegeben. Einige dieser Ergebnisse einer schöpferischen Auseinandersetzung mit Angst will ich wiedergeben.

Die Zeichnungen und Geschichten zeigen die ganze Palette an Ängsten, die bei Kindern durch Bild-szenarien, Situationen oder Themen wachgerufen werden *können*:

1. Ungeheuer, Gespenster, Halbwesen, Monster; imaginäre Räuber, Mörder, Einbrecher

2. Tiere, Fabelwesen

3. Laute und plötzliche, heftige und unvorhergesehene Geräusche, Stimmen und Musik

4. Katastrophen, Feuer, Wasser, Krieg, Unglücke

5. Soziale Ängste, Realerfahrungen, Streit, Übertragung filmisch inszenierter Situationen auf die eigene Realität, die unfreiwillige Begegnung mit eigenen Erfahrungen

6. Konfliktsituationen der Hauptfigur, Mitfühlen und Mitleiden mit der Identifikationsfigur

7. Allein- und Verlassensein

8. Alp- und Angstträume, Ineinander von Phantasie und Realität

9. Furcht bei anderen

10. Neue, unbekannte Situationen, fremde Menschen

11. Tod

12. Alleinsein, fehlende Geborgenheit während des Sehens

Tina, sieben Jahre: Ich hab da einen Märchenfilm gesehen, Hänsel und Gretel, und da kam eine Hexe und das war Nacht. Und die sah so komisch aus und hat so gräßlich gelacht, so ganz gräßlich und so komisch gelacht, da hab ich mir die Ohren zugehalten.

Christoph, acht Jahre: Also das ist Robin Hood. Der nimmt immer welche gefangen. Und manchmal wird Robin Hood auch gefangengenommen. Aber dann ist er frei und reitet mit seinem Pferd in den Wald. Und dann gibt es so spannende Musik und so komische Geräusche, weil die Bösen dann hinter den Bäumen stehen. Ich hab dann immer so 'ne Angst, wenn die Musik kommt, weil dann weiß ich, jetzt wird's gruselig.

Gisela, acht Jahre: Da ist ein Flugzeug abgestürzt, das kam in den Nachrichten, und zweihundert Menschen sind gestorben. Und dann hab ich gedacht, ich bin da drin und Papa und Mama. Dann konnt ich nicht einschlafen.

Jan-Ole, sechs Jahre: Ich hab mal Dracula gesehen. Ganz allein. Das war gruselig. Ich durft das nicht sehen. Und nachts hab ich dann davon geträumt. Und dann war es ganz dunkel und knisterte so komisch in meinem Zimmer. Und dann wollte ich zu meiner Mama. Aber die war nicht da, weil die eingeladen war. Die ist sonst immer da und beschützt mich. Da hab ich mich in ihr Bett gelegt.

Kathrin, sechs Jahre: Da hab ich neulich einen Film gesehen. Da haben sie eine Frauenleiche gefunden im Wald. Die sah ganz gräßlich aus. Und meine Mama ist ganz fürchterlich erschrocken, und da hab ich auch Angst gehabt.

Gero, elf Jahre: Als sie mal in der Schwarzwaldklinik operiert haben. Da hab ich geschrien, weil ich war im Krankenhaus. Und da hab ich viele Spritzen gekriegt. Und dann kam der Doktor, und ich dachte, das wär ein Skelett und schneidet dich jetzt auf. Immer wenn ich solche Filme sehe, wo die operieren, muß ich dran denken.

Rebecca, sieben Jahre: Wenn sie Gewitter zeigen im Film und das wird dann spannend, dann bekomm ich Angst. Aber ich halt das schon aus.

Sabine, sechs Jahre: Wenn die sich streiten und anschreien im Fernsehen, das mag ich nicht. Das macht mir angst. Dann sag ich immer zu Mama, mach das aus. Aber die lacht dann nur und sagt, das ist doch nur 'n Film. Aber die streiten sich doch in echt.

Timo, sechs Jahre: Also bei Nils Holgersson, da hab ich Angst, daß er nicht mehr zu seiner Mutter nach Hause kommt.

13. Schmerz, Verletzung

14. Gewitter

Kinder sind ganz individuelle Angsttypen, sie reagieren höchst unterschiedlich auf die gezeigten Szenarien. Meist entsteht Angst – so der Psychiater John Bowlby – in zusammengesetzten Situationen. Dies gilt – nach meinen Beobachtungen – auch für die durch mediale Szenarien aktualisierten Ängste, an denen zumeist mehrere Sinne beteiligt sind (der Gesichtssinn, der Gehörsinn, der Tastsinn). Zusammengesetzte Situationen können sein: ein unverhofftes Geräusch in der Dunkelheit, fehlende Geborgenheit und undefinierbare Geräusche während des Sehens, eine neue Situation, die plötzlich auftaucht, ein Ungeheuer, das komische Laute von sich gibt, der Schmerz einer geliebten Person etc.

Es gibt eine Anzahl von medieninszenierten Urängsten (Furcht und Schrecken bei Dunkelheit, Geräusche, unbekannte Situationen), bei denen Erwachsene und Kinder ähnlich reagieren, vergleichbare physiologische Komponenten, die auf emotionale Verunsicherung hinweisen, feststellbar sind. Aber dann gibt es Themen, Handlungen, Bilder und Hörelemente, die Kinder mehr betroffen machen als Erwachsene (z. B. Katastrophen, Tiere, Ungeheuer, das Wiederentdecken eigener Erfahrungen, das Ineinander von Phantasie und Realität, die Furcht bei anderen), weil Kinder erst allmählich – wahrnehmungs- und entwicklungsbedingt – Distanzierungstechniken aufbauen (müssen). Gefühlsmäßige Verunsicherungen bei Kindern sind dann zu beobachten, wenn geliebte und vertraute Personen bedroht sind, reale Opfer in Nachrichten- und Informationssendungen gezeigt werden und die Phantasie nahelegt, «das könnte mir oder meinen Eltern auch passieren». Ängste sind aber auch möglich, wenn Kinder dramaturgische Elemente (z. B. Kameraeinstellungen) nicht verstehen. Ben, der sich von einer Riesenameise bedroht fühlt, hatte diese nicht in einem Horror-, sondern in einem Tierfilm gesehen, der Ameisen in Großaufnahme zeigte.

Je jünger die Kinder, um so wahrscheinlicher ist es, daß sie über visuell Äußeres (über Ungeheuer, Monster, Geister etc.), über nicht durchschaubare Trick- und Verwandlungseffekte erschrecken; je jünger die Kinder sind, desto intensiver ziehen Geräusche und Musik in den Bann, gestalten sie das kindliche Filmerleben auf der Grenze zwischen Freiwilligkeit und Überfahrenwerden.

Ältere Kinder, meist vom siebten Lebensjahr an, reagieren betroffen-verunsichert auf Schmerz, Verletzungen und Vernichtung, auf realistische Situationen und soziale Ängste, die dem kindlichen Alltag nahe sind und eine Wiederbegegnung mit vielleicht verdrängten oder vermiedenen Ängsten ermöglichen. Aber auch das Mitfühlen und Mitleiden kann eine emotionale Verunsicherung mit sich bringen.

Generell gilt für meine (wie für viele andere) Untersuchungen: die Ängste, die mediale Szenarien bei Kindern wachrufen, hängen neben der kognitiven vor allem von der sozial-affektiven Entwicklung der Kinder ab: Je jünger die Kinder, um so heftiger, archaischer und ungebrochener agieren sie angesichts medialer Angstszenarien. Und da Distanzierungstechniken nur ansatzweise entwickelt sind, bleiben Rationalisierungen (wie: «Du brauchst doch keine Angst zu haben» oder: «Das ist doch nur ein Film») häufig folgenlos. Dies gilt auch für ältere Kinder, wenn diese subjektiv bedeutsame und gefühlsmäßig besetzte Dinge in den Filmthemen wiederentdecken. Das Vorwissen und die Vorerfahrungen sind entscheidende Bedingungen für die Aktualisierung von Ängsten.

Ein ganz wichtiger Faktor für den Umgang mit filmischen Emotionen ist die aktuelle psychische Situation des Kindes und seine Kompetenzen, mit medienbedingten Ängsten umzugehen. Dazu zählt die Ausgestaltung der Sehsituation ebenso wie die psychische Befindlichkeit während der Rezeption oder die Anwendung von Schutz- und Distanzierungsmechanismen, sei es die Möglichkeit des Abbruches der Rezeption, Augen und Ohren zuzuhalten, die Chance für Nebentätigkeiten, die Vergewisserung von Nähe und Geborgenheit von Bezugspersonen. Das Wissen über die *Künstlichkeit* einer Szene («Das ist ja nur ein Film») hilft um so weniger, je mehr das Kind in den Bann geschlagen oder bereits überwältigt wurde. Auch Verunsicherungen (über reale Katastrophen oder Unglücke), die durch Nachrichten oder Informationen hervorgerufen werden, lassen sich durch Rationalisierungen nur schwer bearbeiten.

## Medienängste – Alltagsängste

Bei einer Gegenüberstellung der entwicklungs- und alltagsbedingten mit den medienbezogenen Ängsten fällt die Übereinstimmung der wichtigsten Angstformen auf – Kinder gehen mit Vorerfahrungen (und dazu gehören reale, soziale wie irreale Ängste, dazu zählen die biologisch bedingten Ängste genauso wie die Verlust- und Trennungsängste) an Fernsehsendungen und Medienprodukte generell heran.

Nicht das Fernsehthema macht angst, es ruft vielmehr Gefühle, Bedürfnisse, Wünsche wach, auf die Kinder mit Angst, Betroffenheit und Verunsicherung reagieren können: Der Kobold, der Unordnung stiftet, die man selber vielleicht gerne machen möchte; die Maus (ein Kind), die die Katze (den Erwachsenen) mit Gewalt besiegt; die Naturkatastrophe, die Menschen vernichtet und damit den möglichen Tod enger Bezugspersonen oder der eigenen Person vor Augen führt; der Streit in der Familienserie, bei der die Konflikte in der eigenen Familie aktuell werden; der Einbrecher, das Ungeheuer, der Mörder, die vernichten und verletzen und dabei körperliche Verletzlichkeit eindringlich vor Augen führen; der Kommissar, der Frauen «anmacht», der Sexualität anschaulich vor Augen führt und die eigenen Unzulänglichkeiten und Ängste in der Sexualität konkretisiert; die Heidi, die sich zwar zu helfen weiß, aber die Erinnerung an reale Trennungen möglicherweise erneuert, oder die Biene Maja, die ständig Abenteuer erlebt, Selbständigkeit und Autonomie vormacht, die einem selbst untersagt sind.

Ob die Begegnung mit angstbesetzten Symbolen als produktive oder als hemmende Kraft erlebt wird, hängt entscheidend davon ab, was das Kind an Ur- und Selbstvertrauen mitbringt. Gefühlsmäßig leere Kinder, denen Geborgenheit fehlt, die permanente Ablehnung und Liebesentzug erfahren, erleben mediale Angstszenarien als bedrohlich. Dies machte Iris (vgl. S. 35f.) so deutlich, die bestrebt war, über und mit Heidi ihre Trennungsängste zu bearbeiten. Dies mußte aber scheitern, weil die Wirklichkeit zufriedenstellende Problemlösungen nicht gestattete. So tauchte Iris immer wieder in das «Heidi»-Thema ein, versuchte dort anzuknüpfen, wo der Dialog, die Beziehung mit der Mutter mißlang. Solche Angstverarbeitung ist von zwanghafter Wiederholung gekennzeichnet, nicht um eine schöpferische und kreative Bewältigung der Situation geht es, vielmehr darum, bereits in der medialen Rezeptionssituation Befriedigung zu finden.

Aber es gibt auch äußerst kreative Aneignungsprozesse. Ich habe dies an einigen Kindern veranschaulicht, die Fernsehfiguren benutzen, um eigenen Ängsten, Bedrohungen oder Verunsicherungen eine Gestalt zu geben. Mediale Szenarien fordern Kinder heraus, legen etwas offen, konfrontieren mit Situationen. Kinder, die fähig sind, eigene Ängste zu inszenieren, ihnen eine dramatische Form zu geben, erleben einen schöpferischen Umgang mit Ängsten. Dies gelingt um so leichter, je größer das Vertrauen in eigene Kompetenzen ist. Hier liegt denn eine entscheidende Begründung für die Faszination, die spannende, gefühlshaltige Filme und Themen auf Kinder ausüben: Es ist der Umgang mit Neuem, mit Unbekanntem, mit eigenen Erfahrungen und Möglichkeiten; es ist das Bestreben, diffusen Ängsten einen Namen und eine Kontur zu geben. Die Kinderzeichnungen verdeutlichen dies ebenso wie die Geschichten, die sich darum ranken, oder die Spiele, die sich anschließen. Christoph, der bei Robin Hood die Geräusche und Musik nicht mag, geht nach dem Film in sein Zimmer, schreit minutenlang mit schriller Stimme – so als wolle er Gespenster und Geister verjagen, und macht auf seiner Blockflöte nervende Töne; Stefan, der sich von King-Kong bedroht fühlt, bespricht mit seinem Kuscheltier, wie sie beide King-Kong besiegen, sollte er einmal auftauchen; und Kathrin, die Angst vor einem katastrophalen Hochwasser hat, wünscht sich eine Fee herbei, die das Wasser wegzaubert. Solche Geschichten, solche Spiele wiederholen sich unendliche Male, meist in immergleichen Abläufen. Die Rituale und Regeln geben Hinweis darauf, wie intensiv Kinder von Szenarien und Gefühlen betroffen sind, wie sehr sie Hilfestellung, nicht Behinderung erwarten dürfen.

Angst wird «gelernt», die Psychologie spricht von einer Konditionierung von Angst. Da liegt die Vermutung nahe, daß eben auch die Medien Auslöser von mehr oder minder gravierenden Ängsten sind. Medien und Angst – dieses Wechselspiel und diese Wechselwirkung lassen sich zutreffender als «Pseudo-Konditionierung» begreifen, soll heißen: durch mediale Szenarien können Ängste, die einem nicht bewußt sind oder die man sich nicht zugesteht, aktiviert werden. Dies gilt insbesondere für problembesetzte Lebensphasen (z. B. wenn ein Geschwisterchen geboren wird) oder für bestimmte kindliche Entwicklungsetappen (z. B. bei der Reinlichkeitserziehung, dem Gehenlernen, den ersten Tagen im Kindergarten oder der Schule, den zunehmenden Anforderungen, die sich aus dem Zusammenleben ergeben), die meist mit emotionalen Erschütterungen einhergehen.

Auch wenn viele Kinder einen Großteil ihrer Ängste – allein oder mit Unterstützung – schöpferisch bewältigen oder Formen entwikkeln, um mit ihnen zu leben, können sich aus der Begegnung mit medieninszenierten Ängsten Probleme ergeben. Dies gilt für Kinder, die über wenig Selbstvertrauen verfügen, die mit Ängsten und Konflikten konfrontiert werden, für die sie keine Lösungsstrategien besitzen, die mehr oder minder unfreiwillig einer angstauslösenden Situation gegenüberstehen, die deren emotionalen Haushalt überfordern. Den schöpferisch-lustvollen Umgang mit den medial inszenierten Ängsten, aber auch ihren Umschlag in Unsicherheit und Furcht will ich an Geschichten aus dem Alltag veranschaulichen, weil darin implizit und explizit Hinweise enthalten sind, wie man auf Kinderängste sinnvoll reagieren kann.

## Angst-Lust

Peter steht der dreijährigen Lena gegenüber, geht in die Hocke, macht Grimassen und gibt schrille Laute von sich, er spielt das «schwarze Ungeheuer». Lena löst sich von der Mutter, geht langsam auf ihn los. Als er wieder wie ein Tier zu heulen beginnt und Lena greifen will, schreit sie ganz entzückt auf und rennt zur Mutter zurück. Lena und Peter wiederholen ihr Spiel immer wieder.

Der fünfjährige Alex und sein Vater stehen vor einer Geisterbahn auf dem Jahrmarkt. Sie überlegen, ob sie hineingehen sollen. Nach längerem Hin und Her entschließen sich die beiden, die Fahrt zu wagen. Alex drückt sich während der Fahrt durch das Dunkel ganz eng an seinen Vater, hält die Hände vors Gesicht, so daß er die Gespenster gerade noch sehen kann, oder aber er versucht, sie durch lautes Rufen zu erschrecken. Kaum ist die Fahrt zu Ende, will Alex das Ganze noch einmal wiederholen.

«Ich hab da eine Heidi-Kassette, die sehe ich immer wieder mit einer Freundin an», erzählt die zehnjährige Susanne, «vor allem die Stellen, in denen sie in den Keller gesteckt werden soll, da, wo die Heidi immer ganz doll Angst hat, diese Stellen, die sind spannend. Diese Stellen lassen wir auf dem Recorder immer wieder zurücklaufen, dann sehen wir uns das noch einmal an, und dann sagt meine Freundin *noch mal* und dann sehen wir uns das noch mal an. Und wir sitzen dann ganz eng beieinander und haben dann einen richtigen Haß auf die dumme Kuh, diese Hexe.»

Alle drei Situationen zeigen: Kinder haben Lust, sich in angstbesetzte Situationen zu begeben, sie zu erleben, sich zu erfahren – wenn dies im gesicherten Rahmen, in einem Kontext selbstgeschaffener und -bestimmter Regeln und Rituale geschieht, die damit einhergehenden Verunsicherungen erträglich und beherrschbar bleiben. Angst-Erleben bedeutet eine erhöhte physiologische Erregung, läßt eine intensive Selbstempfindung zu und geht mit der Hoffnung auf Sicherheit, dem guten Ende, einher: Lenas Mutter ist da, aus der Geisterbahn kommt man gestärkt heraus, und Heidi schafft es, sich mit ihren verhaßten Gegnern auseinanderzusetzen.

Von Angst-Lust kann man sprechen, wenn drei Grundvoraussetzungen gegeben sind:

1. Das Kind setzt sich *freiwillig* einer gefährlichen, emotional verunsichernden Gefahr aus, sei es in einer Spiel- oder einer Rezeptionssituation, die einem vertrauten und gewohnten Schema unterliegt. Das Spiel und die Aneignung eines spannenden Actionfilms weisen demnach Ähnlichkeiten auf.

2. Es existiert eine *äußere, objektive Gefahr*, das Ungeheuer in der Geisterbahn, das prickelnde Gefühl im Karussell, der schwarze Mann beim Versteckspiel oder der geliebte Medienheld, der sich in Gefahr begibt. Das Kind bindet seine Emotion, läßt sich auf die Sendung, das Szenario ein und verzichtet mithin

3. auf *gewohnte Sicherheit*. Das Wissen und das Vertrauen auf einen positiven Ausgang des Spiels, das gute Ende der Sendung.

Tritt eines dieser Elemente nicht ein, folgen nicht selten Schrecken, emotionale Betroffenheit oder tiefe gefühlsmäßige Verunsicherung. Dies geschieht – um es am Filmerleben zu veranschaulichen – dann, wenn Kinder sich unfreiwillig einem medialen Szenario aussetzen oder wenn es nicht zu einem Happy-End kommt.

In der Lust an der Angst zeigt sich eine unbewußte Verbindung von emotionaler Nähe und wirklicher Gefahr, die für ein Kind nur deshalb auszuhalten ist, weil es um den Ablauf des damit einhergehenden Erregungsdramas weiß: Das Kind ist mit Haut und Haaren beteiligt, fühlt und geht mit, es spürt sich und seinen Körper. Aber mit dem Erreichen eines Erregungsgipfels ist zugleich die Hoffnung auf angenehme Empfindungen während des Erregungsabbaus verbunden. Kinder atmen tief durch, lachen, toben, geben der Nervenanspannung Ausdruck: «Das war spannend.» «Das war knapp.» «Das war kaum zum Aushalten.» Die Nacherzählungen, die Nachspiele zeugen von der Gefühlsintensität, machen deutlich, wie Kinder nun das innere Gleichgewicht herstellen müssen, weisen auf den Stolz hin, solche Erlebnisse – auch körperlich – durchgestanden zu haben.

Die Angst-Lust (während der Aneignung spannender Szenarien) zeigt sich an körperlichen Symptomen: Der Blutdruck steigt, Kinder erröten, bekommen feuchte Hände, werden unsicher, halten sich Augen und Ohren zu, verkrampfen oder erstarren, stöhnen, lachen auf, schreien, setzen sich aufrecht hin, kommentieren erleichtert, suchen Nähe und Geborgenheit oder regredieren, fallen in frühkindliche Wahrnehmungsformen zurück: Sie lutschen, stecken den Finger in den Mund oder kauen Fingernägel. Dies veranschaulichen Jette, Line,

Marthe und Sabine, die sich eine Folge aus dem «Kleinen Vampir» ansehen.

Ich habe die Mädchen während einer spannenden Szene beobachtet. Ein Junge steigt zu seinem Vampir-Freund in die Gruft, um ihm eine Nachricht zu übermitteln. Er setzt sich somit einer gefährlichen, angstbesetzten Situation aus – Vampiren, einem dunklen, geschlossenen Raum und einer unbekannten, fremden Situation mit nicht vorhersehbaren Konsequenzen, gruseligen Geräuschen. Ein ruhiges Szenario, aber mit allen Zutaten von Angst und Lust. Die vier Mädchen wissen darum, sie lassen sich freiwillig ein. Während Line mehr die körperliche Nähe sucht, Marthe und Sabine sich über orale Tätigkeiten abreagieren, geht Jette bis an die Grenze ihrer gefühlsmäßigen Belastbarkeit: Zunächst läßt sie sich mitreißen, große Augen, offener Mund zeigen Faszination, deuten aber auch auf eine beginnende Verunsicherung hin. Als der Junge im Film dann die Kellertür öffnet, durch dumpf knarrende Geräusche unterstützt, hält sie die Spannung nicht mehr aus, die Angst um den Jungen (und um sich) wird so intensiv, daß sie sich kurzfristig schützt, sie hält sich die Augen zu, distanziert sich. Gleichwohl bleibt sie in der Handlung. Und als der Junge dann im Keller ist, er sich der neuen Situation gewachsen zeigt, ist auch Jette soweit, sich auf ihre Gefühle zu verlassen. Sie lacht, ist stolz darauf, die (Film-)Situation durchstanden zu haben. Sie hat gelernt, mit ihrer Angst selbstbestimmt umzugehen, sie hat einen weiteren Schritt zur Autonomie und Selbstbestimmtheit gemacht, sie hat neue Erfahrungsmöglichkeiten für sich entdeckt.

Angst-Lust und Regression, das Zurücksinken in frühkindliche Formen der Welt- und Wirklichkeitswahrnehmung, gehen Hand in Hand. Der Psychoanalytiker Michael Balint unterscheidet zwei Regressionsformen. Die schöpferische Regression, von ihm gutartige Regression genannt, setzt eine vertrauensvolle Nahwelt (Situationen, Personen) voraus. Anwesende Personen müssen nicht handeln, nur dasein, wenn sie gebraucht werden. Diese Regression dient der Entdeckung neuer Möglichkeiten und Erfahrungshorizonte. Dabei erreichen die seelischen Vorgänge einen mittleren Intensitätsgrad. Ich möchte Michaels Vorliebe für Pumuckls Wortspielereien, die ich auf bereits dargestellt habe, einmal unter dem Blickwinkel der schöpferischen Regression betrachten. Michael macht auf sich aufmerksam, will, daß seine Eltern ihm bei der Suche nach anderen, ihm gemäßen sprachlichen Ausdrucksformen helfen. Ähnliches trifft für Jette zu: Sie fühlt sich wohl, spürt den Kontakt zu den Freundinnen, will aber zugleich allein Möglichkeiten an sich entdecken, um mit Angst und

Unsicherheit umzugehen. Sie geht zwar intensiv mit, fühlt mit dem Jungen und der Gefahr, gleichwohl läßt sie sich nicht überfahren. Sie kann – nach Beendigung der Situation – ihre neue Sicherheit genießen.

Demgegenüber stellt Balint die bösartige, zwanghaft-pathologische Regression, die sich als verzweifeltes Anklammern, eine suchtartige Bindung beschreiben läßt. Während die schöpferische Regression – auch in der medienbezogenen Rezeptionssituation – über sich hinausweist, auf Umsetzung in die Wirklichkeit drängt, stellt die bösartige Regression keinen Neubeginn dar. Es kommt vielmehr zu einer endlosen Spirale von Wunsch und Bedürfnis, die ständig Befriedigung fordern. Auch dies läßt sich auf medienbezogene Handlungsweisen übertragen und an Beates «Heidi»-Rezeption konkretisieren. Ihr fehlendes Urvertrauen verursacht ein zwanghaftes Bindungsverhalten an die Fernseh-«Heidi». Auch Beate will natürlich Neubeginn, der scheitert. Ihr Verhalten weist nicht über sich hinaus, die Regression während des Sehens ist schon Befriedigung. Nicht Mitgefühl und Mitgehen ist gefragt, sondern ein intensives In-den-Bann-gezogen-Werden, ein Überwältigtsein. Beate geht in der Handlung, dem Szenario völlig auf. Kaum ist das Verlangen nach «Heidi» gestillt, kommt es zum Wiederholungswunsch. Auch die schöpferische Regression will Wiederholung, so lange bis das Vertrauen in die neue Erfahrung gestärkt ist. Beates Gefühle bleiben dagegen an Heidi gebunden, verhaftet in einem Kreis von Wunscherfüllung und Bedürfnisbefriedigung, die den Eindruck eines suchtartigen Zustandes aufkommen läßt.

«Das mit der Angst-Lust leuchtet mir ein. Das geht mir ja genauso, wenn ich einen Krimi sehe», meint Frau Schrader, «aber müssen das denn immer so gräßliche Figuren sein, muß das die Gewalt sein, diese elenden Verfolgungsjagden. Geht das nicht auch anders?» Die Brutalität und Gewalt, mit der Verfolgungsjagden in manchen Sendungen inszeniert, die Superbösewichte vernichtet werden, oder die Deutlichkeit, mit der sich mit erwachsenen Erziehern auseinandergesetzt wird, geben einen Einblick in die Ängste, Gewaltphantasien, die Wut und den Haß über erlittene Ungerechtigkeiten im Alltag der Kinder.

Die Spannung bei den Kindern wird durch die Aktualisierung frühkindlicher Bedrohungserlebnisse und Vernichtungsängste hervorgerufen. Das kleine Kind erlebt sich gegenüber vielen negativen Reizen als hilflos. Es kann, wenn es ihm schlechtgeht, wenn es sich bedroht fühlt, nur schreien oder auf «Rettung» durch die Mutter oder eine andere Vertrauensperson hoffen. Denn vor der Ausbildung eines in sich geschlossenen Selbst existieren für das kleine Kind nur gute oder böse, beschützende oder vernichtende Objekte, so daß das eigene, nur ungenügend ausgebildete Selbst sich durch das unbestimmte andere in seiner Existenz bedroht sieht. Die intensiven Verfolgungsjagden in «Tom & Jerry», «Biene Maja» oder in vielen Krimiserien spiegeln diese Erfahrungen und beleben somit die frühkindlichen Angstformen und Erlebnisse. In der Realität des Kindes mögen diese Erfahrungen sehr schlimm gewesen sein. Jetzt suchen die Kinder diese Wiederholung, jetzt erleben sie das Durchstehen von Angst als lustvoll, weil sie wissen, daß der geliebte, bedrohte Held – und damit sie selbst – gerettet werden. Das Medium macht es möglich: Das Kind kann sich deshalb angstbesetzten Situationen aussetzen, weil es weiß, die objektive Gefahr geht vorüber, das Happy-End kommt.

Sehr groß ist die Nähe zu frühkindlichen Angstformen und Vernichtungsphantasien z. B. auch bei «Heidi». Es werden – gegen den Strich gebürstet und aus der Sichtweise der Kinder gedeutet – zentrale Probleme kindlichen Alltags inszeniert, z. B. die Eltern-Kind-Beziehung. Eltern sind für die Kinder nicht nur Objekte der Zärtlichkeit, Vertrautheit, Wunscherfüllung, sondern auch Quelle von Frustration, Enttäuschung, Unlust und Bedürfnisverweigerung. Da die Erziehung nicht nur den Ausdruck von Haßgefühlen und Aggressionen gegen die Eltern verbietet, sondern schon die Gefühle selbst unter Strafe stellt, werden sie verdrängt. Sie können damit im Gespräch nicht mehr bearbeitet werden, so daß Ersatzfiguren nötig werden, in die die Kinder ihre negativen Gefühle hineinverlagern: die Erzieherin, der Lehrer, der nörgelnde Nachbar, aber auch und vor allem die bösen Medienhelden. Auch in «Heidi» werden die Personen in gut und böse, beschützende und vernichtende, Wünsche erfüllende und Bedürfnisse verweigernde aufgeteilt. Dieses Schwarzweiß-Bild spiegelt das Bild der realen Mutter wider, die sich für ein Kind in der oralen Entwicklungsstufe als zweideutig darstellt: Die gute Mutter geht auf das Kind ein, die böse Mutter ist Ursache von Unlust. Fräulein Rottenmeyer ist der Typ dieser bösen Mutter. Sie gibt keine Liebe, ist nicht nett zu den Kindern, strahlt keine Wärme aus, hat kein Verständnis für Heidis Sorgen und Nöte, sie ist Ursache für Heidis Ängste.

Kinder können sich nicht nur mit Heidi identifizieren, weil hier Angst-Lust erlebt werden kann, sie können auch verstehen, weil hier emotionale Konflikte aus dem eigenen Alltag vorgestellt werden. Und sie können sich auf eine gefahrlose Weise der Quelle von Unlust bemächtigen, nicht zugelassene Aggressionen in einen Typ des Bösen hineinverlagern. Susanne sieht sich die Videokassette immer dann an, «wenn es mir schlechtgeht», wie sie sagt. Das Nutzen bestimmter actiongeladener Medienangebote dient somit nicht nur der Vermeidung von Unlust, sondern der Wiederherstellung eines «guten» Gefühls durch die Bestätigung eigener Größe: Die allmächtige Ohnmacht wird durch einen Sieg über Erwachsene (der Große, der Böse) abgelöst.

Die Ähnlichkeit des Erlebens von Angst-Lust im Spiel und in der Medienrezeption bringt zweifelsohne Probleme mit sich. Je weniger Kinder Angst-Lust im Spiel erleben, je weniger die Nahwelt das Durchleben einer schöpferischen Regression zuläßt, desto mehr gewinnt das mediale Angstszenario an Faszination. Eltern, die die Angst-Lust nicht als Symbol betrachten, statt dessen ein Ringelreihen als Alternative zum kleinen Vampir ansehen und dann enttäuscht sind, wenn Kinder mit Unverständnis reagieren, tragen – unbewußt – zur alleinigen medialen Befriedigung der Angst-Lust bei. Mögen Dramaturgien, Themen und Handlungen vieler Filme auch kindliche Alltagserfahrungen, Angstverarbeitung und Wunscherfüllung inszenieren, zur Umsetzung der Phantasien in die Realität gehört vor allem auch der Dialog und die unmittelbare Auseinandersetzung mit Welt und zwischen Erwachsenen und Kindern.

## Wenn die Angst wirklich wird

Für Kinder gibt es keine «harmlosen», folgenlosen Medienprodukte. Das Kind kann sich schöpferisch mit seinen Ängsten auseinandersetzen, nach neuen Erfahrungsmöglichkeiten suchen, aber das Kind kann auch verunsichert werden, die spielerische Konfrontation mit Ängsten, das Hoffen auf das Happy-End wird enttäuscht, die Bestätigung eigener Allmacht und Kompetenz schlägt jäh um in Enttäuschung und Vernichtung, aus Lust wird Unlust, aus einer spielerisch-geschützten Konfrontation wird eine reale Auseinandersetzung, Lust und Angst werden getrennt erlebt. Der Alltag hat das Kind wieder. Fernsehsendungen machen etwas mit Kindern, genauso wie Kinder etwas mit Sendungen machen. Viele heftige kindliche Reaktionen auf vermeintlich «gute» Fernsehsendungen sind nicht vorhersehbar. Verbote und Einschränkungen sind dann ein wenig kindgemäßes Mittel, wenn es ausschließlich darum geht, Kinder vor Ängsten zu bewahren.

Einige der Situationen, die ich nun beschreibe, mögen die Vielfalt und Unvorhersehbarkeit kindlicher Ängste beleuchten, sie mögen Mut machen, nicht nach Schuldigen zu suchen, sondern die kindlichen

Ängste als Zeichen zu nehmen für einen weiteren Entwicklungsschritt, eine aktuelle Sorge, als Bedrängnis oder die Wiederbelebung eines längst überwundenen Erlebnisses, als Symptom, bei dem die Kinder Unterstützung und Hilfestellung erwarten können.

## Pumuckl und das Feuer

Martina, knapp fünf Jahre, kommt in die Küche gerannt, ist außer sich: «Pumuckl ist böse.» Sie fängt an zu schluchzen: «Der ist ganz bös.» Martinas Mutter, Frau Schrader, nimmt ihre Tochter in den Arm: «Pumuckl ist böse?» Martina nickt heftig, macht sich los, geht in ein Zimmer, hört dann eine Pumuckl-Kassette etwa eine Stunde lang mit voller Lautstärke. Sie kommt wieder zur Mutter: «Aber der ist auch doch ganz nett.» – «Willst du mir sagen, was los war?» – «Nein.» Martina verschwindet wieder. Das Telefon klingelt. Merles Mutter ist am Apparat und berichtet aufgeregt von den Tränen ihrer Tochter: «Ich hab da vorhin mit ihr Pumuckl gesehen. Und nun ist sie nicht zu beruhigen.» – «Martina ist auch so komisch. Um was handelt es sich denn. Ich hab's nicht gesehen.» – «Ich bin auch erst später gekommen, aber Pumuckl hatte da irgendwie mit Feuer gespielt, und dann hat's gebrannt.»

Merle, fünf Jahre, hat im Anschluß an die Sendung ein Bild gemalt, das sie so kommentierte: «Das hast du nun davon. Du bist ja witzig. Diesmal bist du bös. Richtig bös.

Beim Abendessen war Martina nach wie vor schweigsam. Die Mutter versuchte, das Gespräch auf «Pumuckl» zu lenken. Das mißlang, weil Martina abblockte. Erst bei der Gute-Nacht-Geschichte fragte sie: «Ist das gefährlich, wenn Kinder mit Feuer spielen?» – «Ja. Ich hab's dir doch immer gesagt.» Frau Schrader begründete das nun ausführlich. Martina hörte aufmerksam zu. Am nächsten Morgen brachte sie ein Bild mit in den Kindergarten und erzählte der Erzieherin, daß Pumuckl mit dem Feuer gespielt, es deswegen fast ein Unglück gegeben habe und er «wirklich böse» sei. «Das tun Kinder nicht!» Am Nachmittag kam Merle zu Martina und brachte ihre «Pumuckl»-Figur mit. Beide saßen in der Ecke des Wohnzimmers, während Frau Schrader in der Küche war. Sie konnte die Kinder hören. Nach einiger Zeit wurde sie auf das Spiel der beiden Mädchen aufmerksam. Sie hatte zunächst Schwierigkeiten, dies einzuordnen. Merle hatte offensichtlich die Rolle Pumuckls übernommen, der von Martina befragt wurde.

Martina: Du bist doof.

Merle: Ich bin nicht doof, ich bin klug.

Martina: Mit Feuer spielt man nicht.

Merle: Ich spiel nicht mit Feuer.

Martina: Doch, ich hab's gesehen.

Merle: Hast du auch schon mit Feuer gespielt?

Martina: Nein. Bestimmt nicht.

Merle: Glaub' ich nicht.

Es kommt zu einer kleinen Pause. Merle springt aus der Rolle des Pumuckl: «Nun sag's schon.» Es entsteht eine gespannte Ruhe.

Martina: «Einmal mit Merle, draußen in der Höhle. Aber nicht weitersagen. Das ist unser Geheimnis.»

Das Gespräch ging weiter, drehte sich vor allem um die Gefährlichkeit des Feuers. In den nächsten zwei Tagen spielten beide Kinder, erzählten dabei viel vom Feuermachen und Feuerlöschen. Eines Abends sagte Martina zu ihrer Mutter: «Wenn ich mal Feuer mache, passiert nichts. Ich hab' eine Fee, die löscht alles. Das hat sie versprochen.» – «Aber du sollst kein Feuer machen.» – «Mach ich auch nicht. Aber es kann doch sein.»

«Pumuckl» hatte Martina mit verbotenen Regungen und Handlungen konfrontiert. War er ihr bisher als Unordnung stiftender Kobold bekannt, einer Unordnung, die für sie keine wirklich bedrohlichen Züge angenommen hatte, so nahm das Spiel mit dem Feuer reale Züge an. «Pumuckl» machte das, was Martina untersagt war, aber schon ausprobiert hatte. Zugleich führte «Pumuckl» die weitreichenden Konsequenzen seiner Handlung vor Augen. Konnte sich Martina bisher lustvoll mit Pumuckls Streichen auseinandersetzen, darüber lachen, verwandelte sich dies jäh in Angst und Entsetzen. Pumuckl war «böse», weil Martina in ihm die eigenen (verdrängten) Anteile erkannte und sie auf ihn projizierte. Gleichwohl mußte sie sich seiner positiven Anteile versichern, indem sie die «Pumuckl»-Kassette hörte. Auch dies mag als Vergewisserung eigener guter Anteile gelten: «Auch wenn ich schon mal mit Feuer gespielt habe, bin ich trotzdem nicht böse.»

Martinas Mutter hat ihrer Tochter Nähe und Geborgenheit gegeben, die weitere Angstbearbeitung jedoch ihrer Tochter überlassen, sich nicht eingemischt. Wie tief Martina getroffen war, zeigt sich an der Länge ihrer spielerischen Nachbereitung. Und es wird weiter deutlich, wie hilfreich Gleichaltrige bei der spielerischen Bewältigung von verunsichernden Medien-Erlebnissen sein können. Als Martina dann ihren ersten Schreck überwand, Selbstsicherheit gefunden hatte, steht sie wieder zu ihrem Lust-Prinzip, das Feuer macht ihr keine angst, sie hat – wenn auch vorläufig – eine magische Lösung (in der Figur einer Fee) gefunden.

## Christians Mutprobe

Christians Eltern waren außer Haus. Sie hatten ihm verboten, fernzusehen, obgleich die «Schlacht um den Planet der Affen» kam. Christian ist neun Jahre alt, sein Bruder Ralf acht Jahre. «Also, die Kiste bleibt aus. Wenn ihr wollt, ein Videofilm, von mir aus Bud Spencer, aber sonst nichts mehr. Sonst braucht ihr nicht zu kommen, wenn ihr . . . klar! Habt ihr verstanden?» – «Hans, hör mal», intervenierte Frau Meinecke. «Christian, bitte, du bist sowieso schon aufgeregt genug. Und überrede Ralf nicht.» Christian hat Ralf natürlich überredet, beide haben den Film mit den Affen gesehen.

Christian hat mir einige Tage später ein Bild gemalt und dazu erzählt.

«Also das war vielleicht gruselig . . . Ralf und ich haben uns festgehalten. Manchmal hab ich kaum noch hingeschaut, und Ralf hat sich die Ohren zugehalten. Das war ganz schön schrecklich.» Und dann sagt er weiter: «Also, ich mein, das war kaum zum richtigen Aushalten.» Gleichwohl empfand Christian die Sendung im nachhinein als «geile Sache», aber nach dem Schluß blieb er noch lange im Wohnzimmer sitzen. Nach einiger Zeit stand Christian auf, machte zuerst im Wohnzimmer, dann im ganzen Haus helles Licht. Zusammen suchten sie nach Affen. Ralf holte dazu eine Spielzeugpistole, Christian ein Seil, «um den dann zu fesseln». Beide gingen dann in ihr Kinderzimmer, einer hielt Wache an der Tür, während der andere im Bett schlief. Aber der Schlaf übermannte Christian, als er die Tür bewachen sollte. Erst die lauten Worte seines Vaters: «Ich glaube, ich spinne», weckten ihn. «Was ist denn hier los, alles hell?» Christian: «Hab ich vergessen.» – «Habt ihr ferngesehen?» – «Nein, nur den Videofilm.» – «Im Wohnzimmer sieht's aus wie in einem Affenstall.» – «Den Film haben wir aber nicht gesehen.» – «So, nun schlaft. Gute Nacht!»

Christian erzählte mir, daß er wochenlang nicht einschlafen konnte, geträumt und phantasiert habe. «Überall waren Affen. Aber ich konnte mit niemanden reden, weil, dann hätte das schwer Ärger gegeben.» Und Ralf ergänzt: «Gut, daß Papa nicht da war. Dann ist es besser mit dem Fernsehen. Dann kann ich richtiger fernsehen.» – «Was ist richtiger?» – «So mitschreien und mitschießen und so. Mich verstecken.» – «Das kannst du nur mit deinem Bruder?» – «Ja, wenn Papa merkt, daß ich Angst habe, dann sagt er gleich: *Also wenn du das nicht abkannst, dann gehst du jetzt raus.* Deshalb sitz ich meistens immer ganz ruhig da, wenn er dabei ist.»

Ängste müssen nicht allein aus der Aktualisierung von unerwünschten Alltagserfahrungen resultieren, zusätzliche Ängste können sich daraus ergeben, wie in Familien mit den durch das Filmerleben hervorgerufenen Gefühlen umgegangen wird. War es für Christian und Ralf schon schwer genug, den Film genußvoll zu erleben, weil es verboten war, so wird ihnen ein offener Umgang mit Ängsten nahezu unmöglich gemacht. Bei der Bearbeitung der Ängste sind sie auf sich gestellt, Hilfestellung und Unterstützung wagen sie nicht in Anspruch zu nehmen.

Erschwert wird das durch einen Ängste unterdrückenden bzw. verdrängenden Erziehungsstil. Christian und Ralf dürfen ihre Gefühle nur um den Preis des Nicht-weiter-Sehens zeigen, ein produktiver und schöpferischer Umgang mit Ängsten ist ihnen nur im stillen oder in der Nachinszenierung möglich.

Auch wenn Herrn Meineckes Erziehungsstil nicht zu verallgemeinern ist, enthält die geschilderte Situation einen grundsätzlichen Aspekt: Nicht nur Fernsehsendungen, auch Bücher, Kassetten oder Geschichten werden von Eltern häufig danach ausgewählt, ob sie möglicherweise zu Ängsten bei den Kindern führen oder nicht. Zeigen Kinder trotz allem gefühlsmäßige Reaktionen, kommen gar Angst- und Alpträume vor, führt das zu einer «Das ist noch nichts für mein Kind»-Haltung, dazu, Kinder vor Ängsten generell bewahren zu müssen.

Dies mag angemessen sein, wenn das Kind die Aneignung eines Medienprodukts von selbst abbricht oder von einer Sendung zunächst nichts mehr wissen will. Problematisch wird es, wenn Eltern die Angstsymptome des Kindes mißdeuten, Gefährdung des Kindes dort sehen, wo es sich vielleicht um ein Abarbeiten handelt. Dies betrifft insbesondere den elterlichen Umgang mit den Lieblingshelden von Kindern. So kommt es häufig vor, daß Vater oder Mutter mit Sätzen: «Wenn es dir zuviel wird, schalten wir aus» oder «Ich glaube, das ist noch nichts für dich» Gefühle der Kinder stillegen, sie dazu bringen, Ängste nicht offen, sondern nur noch verdeckt zu zeigen. Damit wird den Heranwachsenden aber ein gekonnter Umgang mit Angst nicht nur erschwert, Eltern vergeben sich eine wichtige Chance, Einblicke in die Reifungsprozesse ihres Kindes zu erhalten.

## Die tägliche Katastrophen-Meldung

Stefan, neun Jahre, erzählte mir, daß er gestern abend einen «schweren Verkehrsunfall auf der Autobahn» gesehen habe. «Und dann hab ich Angst gehabt.» Er ist dann in sein Zimmer gegangen und hat ein Bild gemalt.

«Das ist mein Vater im Unfall drin. Und ich. Ich bin so über ein Auto geflogen und auf den Kopf gefallen, und dann kam da noch ein anderes Auto und ist in den Graben gerast und hatte Beulen. Und unser Auto brannte, und mein Vater war auf der Stelle tot. Der ist schon Asche. Und ich bin noch im Auto.» Stefan war mit dem Bild zu seinem Vater gegangen, hatte ihm von seinen Ängsten erzählt. Der Vater, der beruflich sehr viel mit dem Auto unterwegs war, nahm ihn in den Arm. «Da passiert viel. Aber ich paß auf.» – «Bestimmt?» – «Ja, bestimmt.» – «Rufst du mich öfters an, wenn du unterwegs bist?» – «Versprochen.»

Klaus, sechs Jahre, hat in seinem Zimmer ein unbeschreibliches Chaos angerichtet. Viele Sachen liegen durcheinander. Er selber hat sich unter seinem Bett versteckt, als der Vater das Zimmer betritt.

Vater: Sag mal, Klaus, was ist denn hier los?

Klaus: Hier war ein Erdbeben und ich hab überlebt.

Vater: Sag mal. Spinnst du?

Klaus: Nein.

Vater: Räum das sofort auf!

Klaus: Ich hab Angst.

Vater: Wovor?

Klaus: Vorm Erdbeben. Das siehst du doch.

Vater: Das gibt es bei uns nicht.

Klaus: Wieso?

Der Vater gibt umständliche Erklärungen, warum es in der Gegend keine Erdbeben geben kann. Klaus hört aufmerksam zu, schüttelt den Kopf.

Klaus: Aber es kann doch sein!

Vater: Nein! Die gibt's bei uns nicht. Hab ich dir eben doch ausführlich erklärt.

Klaus: Aber wenn's eins gibt. Sind wir dann alle tot?

Vater: Klaus, es gibt kein Erdbeben bei uns. Es kann keins geben, verdammt noch mal!

Klaus: Kann aber doch sein, daß wir tot sind.

Vater: Oh, Klaus.

Klaus: Rettest du mich, wenn ich verletzt bin?

Vater: Mein Gott! Mußt du denn immer zuhören, wenn wir uns unterhalten? Du schnappst dabei alles auf, und dann bekommst du das in den falschen Hals.

Die Mutter betritt den Raum.

Mutter: Was ist denn hier los?

Vater: Erzähl ich dir gleich. Wir müssen aufpassen bei den Gesprächen und was der sich ansieht. Auch in der Zeitung. Wir können das nicht immer rumliegen lassen. Der kann manches doch nicht verarbeiten.

Mutter: Klaus, räum das auf! In einer halben Stunde bin ich wieder da!

Klaus: Mutti hat ja auch Angst. Wenn du nicht da bist, sagt sie immer, hoffentlich ist da nichts passiert! Und dann macht sie sich Sorgen.

Die Eltern verlassen den Raum.

Klaus hatte in der Tagesschau Bilder vom Erdbeben in Armenien gesehen und von den vielen toten Kindern gehört. Er war nach dem Bericht sehr verstört. Nachrichten- und Informationssendungen sorgen bei vielen (kleineren) Kindern für gefühlsmäßige Verunsicherungen, ja intensive Angstreaktionen. Kinder setzen sich diesen Sendungen nur äußerst selten wirklich freiwillig aus. Kinder sehen meist nebenbei mit, weil die Eltern vorm Fernsehapparat sitzen. Da Erwachsene Nachrichten einen bildenden und informativen Wert beimessen, werden (emotionale) Wirkungen auf Kinder übersehen oder gering geschätzt. Verkannt wird, daß Kinder in den Nachrichten mit Katastrophen konfrontiert werden, die für sie Realität sind, mit einer von der Wirklichkeit bestimmten Dramaturgie konfrontiert werden, die sie überfordert. Happy-Ends gibt es nicht; offene Schlüsse, menschliche Tragödien überwiegen und müssen vom Kind verarbeitet, zum Abschluß gebracht werden. Berichte über Katastrophen oder Kriege werden dabei konkretisiert, Bilder und Kommentare in eigene Begrifflichkeit übersetzt, auf die eigene Situation bezogen. Kinder erkennen sich in den Katastrophen wieder, beziehen sich ein – das macht angst, stellt aber auch den ersten Schritt zu einer Bearbeitung dar: Die toten Eltern können die eigenen sein, das tote Kind ich selber. Katastrophen beleben die eigenen Vernichtungs-, Trennungs- und Todesängste, sie verlangen nach Bearbeitung, nicht in einer abstrakten als vielmehr in einer ganz konkreten Arbeit an und mit der Angst.

Jessica und Veronika, beide fünf Jahre, fingen eines Tages an, eine Wanne mit Wasser zu füllen, bastelten sich kleine weibliche Strohpuppen und ließen diese dann aus großer Höhe in das Wasser fallen. Dann trieben sie die Puppen an denRand, nahmen sie heraus, trockneten sie und betteten sie neben der Wanne. Beide sprachen wenig miteinander, aber das Spiel wiederholte sich tagelang und in unendlichen Malen. Die Erzieherin ließ beide Kinder gewähren, fragte nicht, unterstützte sie aber durch das Gefühl von Nähe: «Wenn ihr wollt, bin ich da.» Erst nach mehreren Wochen, das Spiel wurde seltener, kamen Jessica und Veronika auf die Erzieherin zu: «Wenn ein Mensch von so hoch (sie zeigten das) aufs Wasser fällt, ist er dann tot?» Die Erzieherin bejahte. Veronika: «Unsere Puppen nicht.» Die Erzieherin: «Eure Puppen wohl nicht?» Jessica: «Und Mama eben auch nicht.» – «Eure Mama?» – «Ja, die auch nicht.» Die Erzieherin beobachtete das Spiel nun genauer, hörte Satzfetzen, kam nochmals mit den Kindern ins Gespräch. Dabei stelllte sich heraus, daß die beiden das Challenger-Unglück in der Tagesschau gesehen hatten, bei dem eine Astronautin, eine Mutter von zwei Kindern, tödlich verunglückt war. Dies hatte beide stark betroffen. Sie entwickelten ein Spiel, um die eigenen Trennungsängste («Was machen wir, wenn unsere Mutter tot ist?») so zu bearbeiten, daß sie damit leben konnten; sie vergewisserten sich im Spiel, daß ihre Mutter lebt und Unglücke übersteht.

Auch Stefan sieht in dem Nachrichtenbericht seinen Vater verun-glückt, sucht Nähe, findet Verständnis und Geborgenheit. Klaus inszeniert das Unbegreifliche eines Erdbebens in seinem Zimmer, stellt Chaos im wahrsten Sinne des Wortes her, um einen sinnlichen Eindruck der Katastrophe zu gewinnen. Er gibt seiner Angst einen Ausdruck, um mit ihr umgehen zu können. Die Eltern sind selbst entsetzt, mißverstehen die Symbolik, nehmen vor allem Klaus' emotionale Betroffenheit, seinen Wunsch nach Nähe nicht an. Der Versuch des Vaters, der Verunsicherung seines Sohnes durch Erklärungen zu begegnen, muß scheitern. Der Vater spricht Klaus auf eine Weise an, die ihn momentan nicht erreicht. Ansätze von Rationalisierungen sind damit nicht überflüssig, sie müssen vielmehr in einem Rahmen des gegenseitigen Vertrauens geschehen. Klaus geht es zunächst um seine mit dem Erdbeben aktualisierten Vernichtungs- und Trennungsängste, und er braucht dazu Vertrauen und Nähe. Wissenschaftliche Erklärungen über Erdbeben mögen notwendig sein, dienen in diesem Fall aber mehr als ergänzendes Hilfsmittel.

Vorschul- und Grundschulkinder werden durch Nachrichten- und Informationssendungen, die sich mit Katastrophen oder kritischen Ereignissen beschäftigen, erheblich berührt, nicht selten verunsichert oder verängstigt. Diese Berichterstattung belebt – unbewußt oder bewußt – tiefsitzende Ängste von Kindern. Damit ist nichts über die Schädlichkeit oder Gefährlichkeit solcher Sendungen bei Kindern gesagt oder darüber, Kindern den Zugang grundsätzlich zu untersagen. Die Begegnung mit den Sendungen geschieht zudem häufig zufällig oder nebenbei – und im übrigen sind Kinder auch in anderen Medien mit Tod und Zerstörung konfrontiert.

Vermeidung, Verdrängung von Ängsten hilft weder Eltern noch Kindern. Auch Trennungs- und Vernichtungsängste haben ihre Funktion, können auf Reife und Entwicklung hindeuten. Denn jeder Entwicklungsschritt bringt neue Aufgaben, Anforderungen und Situationen mit sich – und damit Ängste. Solche Ängste, die unbewußt im Kind wirken, finden ihr Objekt – nicht selten in den Medien und häufig in jenen Szenarien, denen Erwachsene mit Verdrängung begegnen. Kinderängste rütteln an Tabus, an Verschwiegenem, an unbewältigten Gefühlen. Notwendiger denn je erscheint es mir, Kinder bei der Ver- und Bearbeitung von Trennungs- und Vernichtungsängsten zu unterstützen, ihnen Vertrauen zu geben, sich mit ihren meist sehr anschaulichen Mitteln auf die durch die Bilder- und Hörwelten belebten Ängste einzulassen und sie zu bearbeiten.

## Spannung bis zum guten Ende

Ingrid, sechs Jahre, hatte ihre Mutter seit Tagen gedrängt, ins sonntägliche Kinderkino zu gehen. Sie hatte von ihrer Freundin gehört, daß es «Bambi», den berühmten Zeichentrickfilm von Walt Disney über ein kleines Reh, geben würde. Frau Meins ließ sich überreden und ging mit ihrer Tochter ins Kino. Ingrid hatte vorher erst drei oder vier Märchenfilme gesehen. Fernsehen gab's für sie nicht, Theater schon gar nicht.

Ingrid war ganz schnell von der Handlung gepackt, das Interesse für die Nah- und Umwelt ließ nach, sie nahm die Anwesenheit ihrer Mutter kaum wahr, sie lebte den Film mit, versunken, vertieft; sie war nur mit sich beschäftigt. Und je dramatischer das Szenario wurde, um so aufregender, angespannter und starrer setzte sie sich hin, äußerlich regungslos, innerlich aufs höchste bewegt. Als die Handlung einer für Kinder höchst verunsichernden Situation entgegensteuerte – Bambis Mutter kommt bei einem Waldbrand ums Leben – brach Ingrids Gefühlsstau auf, im Kino ein emotionales Chaos aus. Ingrid schlug die Hände vors Gesicht, schaute weg, trampelte mit den Füßen, sie beruhigte sich aber nicht. Frau Meins erschrak darüber, war zunächst selbst starr, dann hilflos, aber als Ingrid – wie manch andere Kinder – immer noch stark reagierte, als das Schluchzen heftiger und heftiger wurde, riß ihr der Geduldsfaden. Sie packte ihre Tochter mit den Worten: «So nun komm, dieser verdammte Film», stand auf, drängelte sich durch die engen Sitzreihen und rannte zum Ausgang, ihre Tochter hinter sich herziehend. Andere Mütter taten es ihr nach, die eine fluchend, die andere das Kind tröstend, die dritte verärgert, sauer, selber aufgelöst. Draußen im Kinofoyer fing Ingrid wieder stärker an zu weinen, aber sie bat darum: «Ich will weitersehen.» Nun platzte der Mutter endgültig der Kragen: «Ich glaub, du hast nicht mehr alle Tassen im Schrank.» Und mit den Worten: «Du bist völlig überge-schnappt», nahm sie ihre Tochter an der Hand, zog sie aus dem Kino und zerrte sie durch die Straßen nach Hause. Ingrid unterdrückte Tränen, Traurigkeit, aus Furcht vor weiteren Sanktionen («Wenn du noch weiter jaulst, sieh zu, wie du nach Hause kommst»). Zu Hause angekommen, schlich Ingrid in ihr Zimmer.

Diese Szene spielte an einem Herbsttag Ende der fünfziger Jahre, dreißig Jahre später erinnert sich Ingrid Reber, mittlerweile Erziehe-rin und Mutter zweier Söhne: «Ich konnte tagelang nicht schlafen, immer war das Bild mit dem Feuer da, und Bambi schrie so erbärmlich. Und ich fühlte mich so allein... Mich hat das eigentlich dann jahrelang verfolgt, ich hab davon geträumt. Nur mit meiner liebsten Freundin konnte ich darüber reden. Bei der war's genauso. Meine Mutter, mein Vater waren da ohne Verständnis, eher hilflos, würde ich heute sagen, sie waren überfordert, und schuld war der Film und ich, die den Film sehen wollte.»

Frau Rebers Kinder, sieben und neun Jahre alt, kommen aus der Schule nach Hause und haben einen Kinowunsch: «Bambi»! Frau Reber erschrickt, läßt sich überreden, und «mit klopfendem Herzen bin ich ins Kino». Das Filmszenario nimmt seinen Lauf, das Gefühls-drama der Kinder auch. «Und wie damals geht das ganze Theater los, alles heult und schluchzt und schreit. Ich war wieder klein, ich sah meine Mutter, alles war wie damals. Mein Herz klopfte, und ich denke, die armen Kinder, und will, mein Gott, stellen Sie sich das vor, ich will die Kinder packen, und da sag ich zu mir: «Blöde Kuh! Ich hab den einen in den rechten Arm genommen, den anderen links, ich hab sie an mich gedrückt, die haben geheult, ich auch, nach zehn Minuten hat sich der eine gelöst, dann der andere, der größere hat mich richtig weggedrückt. Die waren gespannt wie die Flitzebögen, die sind mitge-gangen, haben mitgefiebert, aber hinterher, gut, die Kinder haben viel geredet über alles, gefragt und 'ne ganze Menge genervt. Aber das war's.»

Frau Reber erzählte dann ihren Kindern abends ihre eigene Ge-schichte, worauf ihr Sohn am Ende meinte: «Das war ganz schön gemein von Oma, gell?» Szenarien, vor allem dann, wenn sie ganz bedeutende Kinderängste thematisieren, können Kinder aufs stärkste rühren. Geisterbahnen oder eben auch Bambi sind Abbilder einer wirklichen Gefahr, bei ihnen geht es um das Leben und den Tod.

Gefühlsmäßige Verunsicherungen sind durch das Vertrauen in die eigenen Kompetenzen und das Wissen um das gute Ende auszuhalten. Tritt das nicht ein – sei es aus dramaturgischen oder situativen Gründen – trifft das Kinder tief. Dazu Ingrid Reber: «Ich hab mir ja danach immer gedacht, wie geht das wohl aus. Immer und immer wieder, hab ich gedacht, wie geht das wohl aus. Und ich konnte mir nicht vorstellen, daß das gut endet. Das war ein Teufelskreis.»

Kinder bearbeiten den offenen Schluß, den Spannungsbogen und beziehen das im Film angesprochene Thema auf die eigene Situation, den eigenen Alltag. Kommt es zu keiner produktiv-schöpferischen Lösung – wie bei Veronika und Jessica mit ihrem Challenger-Spiel – fehlt die Unterstützung (wie bei Klaus oder eben Ingrid Reber), sind überdauernde Verunsicherungen durchaus möglich. Das gilt selbst dann, wenn Kinder von sich aus den Rezeptionsvorgang abbrechen.

Manuela, fünf Jahre, hatte Pumuckls Spiel mit dem Feuer gesehen. Als ihr die Situation – im wahrsten Sinne des Wortes – zu brenzlig wurde, schaltete sie den Fernsehapparat aus und suchte die Nähe ihrer Mutter. Ihr erzählte sie zunächst vom «dummen Pumuckl», und dann fragte sie die Mutter über das Feuer aus. Manuela wollte alles wissen: Was Feuer ist? Wie es entsteht? Welche Schäden es anrichtet? Warum es Feuer gibt? Wie man es löschen kann? Manuelas Mutter zeigte Geduld, beantwortete immer und immer wieder die gleichen Fragen. Erst nach mehreren Wochen wurden sie seltener und hörten schließlich auf. Als Manuela ein halbes Jahr nach der Sendung von einem Großfeuer in der Stadt hörte, meinte sie: «Das war vielleicht Pumuckl.»

Inszenierte Ängste besetzen Kinder um so mehr, je geringer die Möglichkeiten einer produktiven Auseinandersetzung sind, je hemmender Erwachsene in den Prozeß eingreifen. Aber emotionale Verunsicherung der Kinder durch mediale Szenarien verunsichert Eltern gleichermaßen, macht betroffen, ärgerlich, hilflos, läßt den Wunsch nach einfachen Rezepten laut werden. Die gibt es nicht – selbst in Familien, die einen mehr oder minder gekonnten Umgang mit dem Fernsehen und den kindlichen Ängsten praktizieren, kommt es dazu, daß Kinder mit Bildern und Themen plötzlich nicht fertig werden: Sei es der Tierfilm, die Nachrichten, die Familienserie oder der Krimi, in den die Kinder durch Zufall hineingeraten, weil sie nach der Gute-Nacht-Geschichte nochmals aufstehen und die Eltern beim «Tatort» oder «Derrick» überraschen.

Ich möchte Ausschnitte aus einem Elterngespräch wiedergeben, in dem es um die Frage ging, was Väter oder Mütter machen, wenn

Kinder in das abendliche «Krimisehen» platzen und nicht wieder gehen wollen, vielleicht zufällig sogar einen Mord mit ansehen.

Frau Markus: Ich frage, was er will, dann erledigen wir das. Dann geht er in sein Zimmer zurück . . .

Herr Eberhard: Wir machen das ähnlich. Ich erinnere ihn dann aber an unser Versprechen: er hat seine Sendung, wir unsere, und da haben wir vereinbart, gegenseitig die Grenzen zu respektieren . . .

Frau Mohn: Find ich nicht gut. Wenn der wirklich was hat. Also ich geh da schon mit raus . . .

Frau Markus: Und Ihr Mann . . .

Frau Mohn: . . . der schaut weiter . . .

Frau Eberhard: Genauso hab ich's früher auch gemacht. Für mich war dann der Krimi zu Ende, und mein Mann sah weiter.

Herr Penner: Wenn unsere Tochter kommt und die hat was, dann machen wir aus und beschäftigen uns mit ihr.

Frau Eberhard: Dann hat Ihre Tochter Sie aber ganz schön in der Hand. Also bei uns ist das früher auch so gewesen. Aber wenn ich ihn jetzt manchmal wegschicke oder an die Absprache erinnere, dann hab ich auch schon ein schlechtes Gewissen.

Frau Mohn: Also manchmal darf er auch bleiben, und ich hab dann die Erfahrung gemacht, der schläft ohnehin ein.

Herr Eberhard: Also wenn er kommt und da passiert was, dann schick ich ihn auf keinen Fall weg. Dann darf er bei mir bleiben. Das ist klar.

Frau Markus: Wissen Sie, das halte ich eben nicht für gut. Ich nehm ihn dann ganz schnell bei der Hand und geh raus. Aber dann geht ja das Gefrage wohl erst richtig los, das ist jedenfalls meine Erfahrung.

Es gibt keine verbindlichen, allgemeingültigen Antworten; Familien müssen ihre eigenen Vorgehensweisen und Strategien entwickeln, Vorgehensweisen und Strategien, die das kindliche Bedürfnis nach Geborgenheit, nach Angst-Lust und produktivem Umgang mit Ängsten ernst nimmt. Überbehütung und Überforderung sind ebenso untaugliche Ratgeber, wie Kinder vor Ängsten jeglicher Art bewahren zu wollen oder sie an einer Angstbearbeitung zu hindern.

Viele Kinder machen den Erwachsenen vor, wie sie angemessen mit

Angst umgehen, andere wieder delegieren diese Angstbearbeitung an die Eltern, fordern sie auf, gestaltend in die Angstbearbeitung einzugreifen. Kinder nutzen ihre Ängste, um Eltern zu binden, Eltern nutzen die kindlichen Ängste, um sie unselbständig zu halten, vielleicht von eigenen Problemen abzulenken. Es kommt zu einem Teufelskreis. Die Angst ist funktionalisiert, keine produktive Kraft; Angst wird benutzt, am Leben erhalten, um ein zwanghaftes Interaktionssystem fortzuführen. So wichtig Geborgenheit und Fürsorge bei der kindlichen Angstbewältigung sind, so wichtig ist das Vertrauen von Kindern in die eigenen Kompetenzen der Angstbearbeitung. Eltern kommt dabei eine unterstützend-solidarische Funktion zu, vielleicht die Aufgabe, gemeinsam nach Lösungsvorschlägen zu suchen. Und hier gilt es, von Kindern zu lernen, indem man ihre Rituale und Regeln der Angstbearbeitung sensibel deutet.

Nähe suchen, der Einsatz von Distanzierungstechniken oder Nachinszenierungen sind Möglichkeiten von Kindern, um mit Verunsicherungen fertig zu werden oder das Gefühl der Angst-Lust zu wiederholen. Kinder machen den Erwachsenen vor, wie sie sich von Angst befreien, wie sie Ängste meistern. Spiel, auch das Spiel mit der Angst, bedeutet Erfindung, Vergnügen, zieht Vertrauen in die eigenen Lösungsmöglichkeiten nach sich. Die Phantasie drängt in die Realität. Freilich: ein Kind kann auch scheitern, weil es noch nicht so weit entwickelt ist, sich überfordert hat auf Grund kritischer Lebensereignisse, fehlender realer Problemlösungen oder weil die Nahwelt Angst nur als ein bedrohliches Gefühl vermittelt.

Philipp, acht Jahre: «Ich hab immer Angst bei Dracula-Filmen, aber ich sag das dann nicht, weil Papa gesagt hat, sieh zu, wie du damit fertig wirst.» Oder Agnes, zehn Jahre: «Mama tröstet mich immer, wenn ich Angst hab, aber Papa schimpft. Und Papa sagt dann zu meiner Mutter, laß sie zufrieden. Damit muß sie allein klarkommen.» Hier drückt Angst nieder, hemmt Entwicklungen. Statt dessen brauchen Kinder Stärkung und Ermutigung.

Inga, fünf Jahre, schaute sich einen Märchenfilm an. Sie saß mit ihrem Vater auf dem Sofa, sie war gebannt, suchte Körperkontakt, brauchte immer wieder die Vergewisserung, daß ihr Vater in der Nähe war. Sie fühlte und litt mit Hänsel und Gretel. Der Vater fragte: «Wollen wir ausmachen?» Inga schüttelte den Kopf und drückte sich fest an den Vater. Ihre gefühlsmäßige Beteiligung nahm zu, der Wunsch nach Nähe auch. Als dann die Hexe auftauchte, ging ihr Blick zum Vater: «Gell, zusammen schaffen wir das nun?» Ingas Vater nickte.

# Kapitel 6

# Fernsehgewalt und die Folgen

## «Krieg ist geil»

Malte, knapp sechs Jahre, ist allein im Hause. Seine Eltern besuchen eine abendliche Diskussionsveranstaltung. Sie hatten ihrem Sohn untersagt, nach 19 Uhr fernzusehen. Malte freute sich insgeheim auf die Abwesenheit seiner Eltern, weil am Abend ein – wie er sagte – «Kriegsfilm» kam. Er hatte das einer Programmzeitschrift entnommen. Fasziniert und aufmerksam betrachtete er dort ein Foto mit zerstörten Panzern und Flugzeugen. Seinen Eltern hatte er vorsorglich nichts gesagt, weil «die hätten das nie erlaubt. Ich darf ja nicht mal 'ne Pistole haben.»

«Ich bemühe mich, ihn so gewaltfrei, so ohne Aggressionen zu erziehen», erzählte mir Maltes Mutter, Frau Baltus, später einmal, «keine Waffen, gar nichts, wenn er sich was besorgt, nehm ich ihm das sofort weg. Das gibt zwar Krach, aber besser jetzt Krach als später die Folgen.» Herr Baltus zog «da lange Zeit mit, aber ich überleg mir jetzt, ob das wirklich so ganz richtig ist». Bedenken waren ihm gekommen, als er seinen Sohn mit einem Freund beim Wildwestspiel sah. Beide hatten sich aus Legosteinen Pistolen samt Granaten gebaut. Als der Vater in das Spiel mit den Worten platzte: «Sagt mal, ihr schießt doch nicht etwa», erwiderte Malte ganz ruhig: «Quatsch, siehst du doch. Das sind doch Sprechfunkgeräte.» – «Ich denke, ihr spielt Western.» Malte: «Das ist ein ganz moderner Cowboy. Der spielt doch heut. Der hat Walkie-talkies.» Der Vater sah die Gefahr, daß die starre Haltung seinen Sohn dazu bringen könnte, nicht mehr offen zu sein: «Was nützt es mir, wenn er keine Waffen anfaßt, aber dafür was unterdrückt oder lügen muß. Aber ehrlich gesagt, ich weiß nicht, was richtig ist.» Frau Baltus, eine Grundschullehrerin, war damit nicht einverstanden, weil «ich doch jeden Tag die Auswirkungen solcher Gewalt sehe».

Doch zurück zu Maltes Fernsehabend. Als die Eltern aus dem Haus waren, setzte er sich vor den Fernsehapparat in Erwartung der Sendung. Er hatte sich bewaffnet: ein ganzes Arsenal von Holzklötzen, Stöcken und Legos, «alles Pistolen und Handgranaten», lagen um ihn verstreut. «Wenn's zu gefährlich wird, dann hätt ich zurückgeschossen.» Der Film begann, es war eine Dokumentation über den Widerstand in Afghanistan. Kurz vor Ende der Sendung wird die Wohnzimmertür aufgerissen. Frau Baltus stürzt hinein, sieht ihren Sohn aufrecht auf dem Sofa sitzen, in der rechten Hand seine «Stock»-Pistole, in der linken eine «Lego»-Granate: «Malte! Ich glaub, ich spinne!» Sie rennt zum Fernseher, drückt den Ausknopf. Malte: «Ich hasse dich! Ich hasse dich!» Frau Baltus geht auf Malte zu, will ihn packen: «Faß mich nicht an, sonst werf ich die Handgranate!» Malte springt auf, an der Mutter vorbei, rennt in sein Zimmer. Er schließt sich ein.

Die Eltern fangen an zu streiten: Er macht ihr Vorhaltungen, zu scharf und zu grob, ohne Gefühle eingegriffen zu haben; sie wirft ihm vor, das alles sei Folge seiner laschen Haltung. «Der weiß nicht mehr, woran er ist, ist doch klar. Dann macht er das, weil das die einfachste Lösung für ihn ist.» Der Streit nimmt an Lautstärke und Heftigkeit zu, als Malte ins Zimmer zurückkommt, sich vor beiden aufbaut und anmerkt: «Regt euch ab, ich werde doch Soldat!» Dann dreht er sich um, geht aus dem Zimmer. Kurzes Schweigen, dann Frau Baltus: «Siehst du, die ganze Erziehung ist am Arsch.» Sie zürnt mit ihrem Mann, weint, liegt fast die ganze Nacht wach, beruhigt sich allmählich und entschließt sich, am nächsten Tag mit ihrem Sohn zu reden. Nach dem Mittagessen will sie ansetzen. Er, ganz cool: «Du nervst.» Frau Baltus erstarrt. Malte sieht seine Mutter fest an: «Ich werde Soldat.» Er fixiert die Wirkung seiner Worte. Sie ist steif, nur die Lippen zittern. Malte: «Das wirst du noch sehen.» Frau Baltus' Mimik ist zur Maske geworden, als Malte noch einen draufsetzt: «Krieg ist geil.» Sie ist unfähig zu reagieren, starr. «Ich war leer», erinnert sie sich später. «Da tat sich ein Loch auf in der Erde, und ich bin darin versunken.» Malte steht auf, geht zu ihr, sieht sie kurz an, streichelt sie: «Ich hab dich gern.» Kurze Pause. «Aber ich werd Soldat.»

Die Situationen und Auseinandersetzungen schildern Herr und Frau Baltus auf einer Elternveranstaltung, gemeinsam versuchen wir eine Deutung. Malte setzt seine Aggressionen ein, um sich zu behaupten, Eigenständigkeit zu dokumentieren. Er nimmt den Machtkampf, den Frau Baltus über das Schießen und ihre Einstellung zur Gewalt inszeniert, an und drückt diesem Kampf seine eigenen Regeln auf. Je starrer seine Mutter versucht, ihm ihre Sichtweise aufzuzwingen, um so mehr gewinnt Malte Freude an der Konfrontation.

Als Frau Baltus ihrem Sohn «Kinderbücher über die Grausamkeit des Krieges» besorgen will, interveniert ihr Mann. Er schlägt statt dessen vor, nicht mehr in Maltes Spiel einzugreifen. «Wenn er schießt, hab ich ihm jetzt schon häufiger gesagt, daß wir das nicht mögen, aber ich laß ihn, solange mich das nicht nervt.» Er überzeugt seine Frau. Das Thema Waffen wurde immer weniger wichtig, bis es eines Tages fast völlig aufhörte. Auch das Interesse an medialen Gewaltszenarien, an Kriegsdokumentationen nahm ab.

Verbote sind – Maltes Mutter zeigt das – auch Ausdruck von Verzweiflung. Hinter der Faszination, die mediale Gewalt auf Kinder ausübt, steckt der Wunsch nach Loslösung und nach Autonomie. Kinder eignen sich Bilder- und Hörwelten oder Spielzeug an, um sich zu unterscheiden, um durch Abgrenzung Identität zu gewinnen. Gleichzeitig erfahren sie, daß Erwachsene auf Autonomiewünsche mit Verständnislosigkeit reagieren. Kinder erleben so häufig eine pädagogische Aggression, die zur Angst vor Selbständigkeit erzieht, die Unterdrückung von Gefühlen verlangt. Pädagogische Aggression will einen Verzicht auf unmittelbare Triebbefriedigung. Statt dessen geht es immer mehr um die Entwicklung einer angepaßten Fassade, um ein reibungsloses Funktionieren. Wer seine Ziele über die Einfühlung in das Kind stellt, so der Psychoanalytiker Wolfgang Schmidbauer, bringt diesem auch bei, daß Macht eingesetzt werden darf. Sinn des Lebens ist dann nicht das Ausleben dessen, «was an Gefühlen und Wünschen innen ist, sondern dieses Innere zu unterdrücken und die Erwartung auf äußere Anerkennung an seine Stelle zu setzen».

### Ein ganz gewöhnlicher Medientag

Um die Komplexität und Wechselwirkungen medialer Einflüsse auf Kinder zu begreifen, sehen wir uns den Tagesablauf eines elfjährigen Jungen an, den ich in einem Hort kennengelernt habe – ich nenne ihn Oliver. Dabei wirkt manches wie eine bemühte Auswahl oder eine Reihung grotesker Zufälle. Ich habe aber den Tagesablauf zusammen mit Oliver rekonstruiert, der Tagesablauf stellt also ein Stück gelebten und praktizierten Alltags dar.

Es beginnt am Morgen mit der Zeitungslektüre beim Frühstück. Der Vater verfügt über die Zeitung wie ein Patriarch. Im Hintergrund läuft das Radiogerät. Die Familie hört kaum zu, nur bei den Zeitansagen oder den Verkehrsmeldungen darf nicht gesprochen werden. Oliver putzt sich nach dem Frühstück noch die Zähne mit einer Zahnpasta, deren Werbung er besonders «geil» findet. Oliver: «Dann macht alles noch mal soviel Spaß.» Olivers Bruder Michael, 17 Jahre, steht kurz vor dem Abitur und hält das für üble Manipulation, während die Mutter froh ist, daß sich Oliver auf diese Art und Weise wenigstens die Zähne putzt. Dem Vater ist das schlechthin egal, er schüttelt verständnislos den Kopf, weil er die Comicsprache auf den Tuben sowieso nicht versteht.

Auf dem Weg zur Schule sieht Oliver den «Bild»-Verkäufer und beobachtet fasziniert, wie die Männer jeden Tag mit der gleichen lässigen Süchtigkeit «ihr» Blatt kaufen. So ist das, denkt Oliver, wenn wir uns später in der Pause unser Brausepulver oder die Schokolade holen. Der Unterschied ist nur, daß die Erwachsenen uns häufig anmeckern. Oliver trifft kurz darauf seinen Freund Peter.

Peter: Haste gestern abend den Krimi gesehen?

Oliver: Ne, im andern Programm gab's 'ne Schnulze, die mußte meine Mutter unbedingt sehen.

Peter: Habt ihr kein zweites Gerät?

Oliver: Im Prinzip schon, aber das war kaputt.

Peter: Schöne Scheiße.

Oliver: Wie war der Krimi?

Peter: Na, wie Colt Seavers immer ist, 'ne geile Nummer.

Im Deutschunterricht geht's schon seit Wochen um die Analyse von «Bravo». Der Lehrer versucht, die Schüler über die Inhalte dieser Zeitung aufzuklären. Oliver denkt: «Red nur, ich lese sie trotzdem. Du brauchst sie ja nicht zu lesen. Warum müssen Eltern und Lehrer einem eigentlich alles miesmachen?» In der Pause findet dann noch ein Gespräch über die letzte «Formel 1»-Sendung statt. Ansonsten passiert nichts Nennenswertes in der Schule. Wieder zu Hause angelangt, heißt es für Oliver Schularbeiten machen, im Hintergrund läuft Musik, daneben gibt es mal einen schnellen Blick in «Bravo» oder in den «Playboy», die deutsche Ausgabe, die sich Oliver von Philip ausgeliehen hat. Der bekommt solche «Sachen» von seinem älteren Bruder ausgeliehen. Die Mutter kommt, klopft mal wieder nicht an. Der «Playboy» verschwindet, statt dessen ein Blick in den Tierschutzkalender, der immer strategisch günstig plaziert auf dem Schreibtisch liegt und hervorragend zur Ablenkung bereitliegt. «Ich geh in die Stadt», sagt die Mutter. «Bring mir doch das neueste Ding von Peter Maffay mit», bittet Oliver. Die Mutter nickt, während Oliver denkt: «Aber sie vergißt es doch wieder, weil sie sich nicht in den Laden traut.»

Die Schularbeiten sind beendet, Oliver legt sich eine harte Rockplatte auf, stellt sie auf «volle Pulle», so daß er nicht einmal merkt, daß sein Vater kommt. Der stürzt ins Zimmer, zieht den Stecker raus und schreit: «Sind wir in der Disco oder wo?» Oliver ist gefrustet, geht dann noch schnell zu Peter, der ein schallisoliertes Zimmer hat und eine teure Stereoanlage besitzt. Der Vater bestimmt: «Um 7 Uhr biste wieder da, sonst gibt es was!»

Oliver ist um 19 Uhr wieder da. Vater, Mutter, Oliver und Michael sitzen am Essenstisch, im Hintergrund läuft «heute». Oliver will was erzählen, der eisige Blick des Vaters gebietet Ruhe. Die Mutter verhält sich ruhig, erst als der Nachrichtensprecher auf Prinz Charles und Lady Di eingeht, kommt bei ihr Unruhe auf. Sie macht Bemerkungen über das glückliche Paar, was den älteren Sohn zu der Feststellung veranlaßt, statt der «Neuen Post» sollte sie doch gefälligst mal was Anständiges lesen. Dies ruft wiederum den Vater auf den Plan, der Michael zu mehr Anstand und Rücksicht ermahnt. Michael mault: «Fehlt nur noch das vierte Gebot.» Danach herrscht kurzer Waffenstillstand. Nach einiger Zeit fragt der Vater: «Was gibt's denn heute abend?», eine Frage, die er mehr zu sich selbst gestellt hat. «Ach, der Film mit Heinz Rühmann!» – «O ja», ruft Oliver. «Für dich ist nach der Tagesschau Sense», befiehlt der Vater, die Mutter versucht zu vermitteln, Oliver setzt die Tränen als Trick ein, der diesmal aber nicht zieht. Sein Vater schägt als Kompromiß vor: «Du kannst entscheiden zwischen dem Film heute abend oder dem Tatort am Sonntag.» «Gemein», sagt Oliver, «du weißt doch, daß der Schimanski wieder kommt, und das ist doch immer so spannend.» Oliver geht in sein Zimmer und liest noch ein Abenteuerbuch, das ihm seine Mutter letzte Woche geschenkt hat. Nach etwa einer halben Stunde schläft er ein.

Überblickt man Olivers Tagesablauf, dann gibt es eine Vielzahl von Situationen, in denen der Junge Gewalt erlebt hat bzw. mit aggressiven Handlungsmustern konfrontiert wird:

– in der Schule,

– im Umgang mit seinen Freunden,

– in den Beziehungen zu seinen Eltern,

– schließlich auch durch die Medien bzw. durch die Situationen, in denen Medien benutzt werden.

Welchen Einfluß mediale Gewaltszenarien auf die Kinder haben, läßt sich somit nur begreifen, wenn diese folgenden Gesichtspunkte berücksichtigt werden:

– die Qualität der Medieninhalte und der medialen Dramaturgie unter Berücksichtigung jener Bedeutungen, die das Kind dem Thema und der Handlung zuweist,

– das Ausmaß, die qualitativen wie situativen Aspekte des Medienkonsums,

– die individual- und sozialpsychologischen Rahmenbedingungen der kindlichen Lebenswelt,

– das soziale wie familiäre Netzwerk des Kindes und

– die kulturellen und gesellschaftlichen Rahmenbedingungen.

## Angst, nicht Aggression

Das Fernsehen hat immer dann Einflüsse auf den Zuschauer, wenn die (negativ empfundenen) Handlungen, Themen und Situationen in der Sendung große Ähnlichkeit mit der eigenen konkreten Umwelt aufweisen oder wenn Verhaltensweisen vorgestellt werden, die der Zuschauer mit seinen gewohnten Alltagshandlungen nicht in Einklang bringen kann. Gefühlsmäßige Verunsicherungen sind dann die Folge.

Das möchte ich an einem Gesprächsausschnitt mit drei Schülern einer vierten Schulklasse konkretisieren. Im Gespräch ging es um einen Vergleich zwischen «Harry Fox», einer Vorabendserie im ZDF mit einem Privatdetektiv gleichen Namens, der auf abenteuerliche Weise, mit List, aber auch körperlicher Gewalt schwierige Fälle löst, und «SOKO», einer deutschen Kriminalserie, in der auf eine realistische Weise der Alltag in einem Rauschgiftdezernat geschildert wird. Action, Verfolgungsjagden oder überzogene wilde Schlägereien fehlen in dieser Serie gänzlich.

Nils: Harry Fox, da weiß ich, da ist immer einer tot.

Marco: Wie bei SOKO auch . . .

Nils: Nein, das stimmt doch nicht. Ich find SOKO jetzt mies.

Heiko: Ich auch. Harry Fox ist viel spannender.

Marco: Bei SOKO . . . das seh ich nie wieder. Das ist brutal. Da hat mal eine Frau so gespuckt . . . so gekotzt, so weißen Schleim hat sie rausgespuckt . . .

Heiko: Ja, so weißen Schleim, und so komisch gelacht hat sie, so richtig komisch.

Marco: Das hab ich nie wieder geguckt, nie wieder . . .

Heiko: Die war, glaub ich, rauschgiftsüchtig oder so was.

Nils: Bei Harry Fox, da quälen sie die Menschen nicht. Bei SOKO schon. Da ist 'ne richtige Polizeistation. Bei Harry Fox sind nur Detektive, ein Fall, da weiß man, was das ist. Bei SOKO ist 'ne ganze Polizeistation. Da sind die in so 'nem kleinen Raum, und dann quälen sie die, und dann drücken sie die immer auf die Stühle, und dann drücken sie denen immer die Wörter aus ihnen raus.

Nils: Und dann erwischen sie sie nicht bei SOKO, bei Harry Fox, da sieht man, was passiert, und dann findt der den, und dann wird das viel spannender.

Steffen: Harry Fox geht eben gut aus.

Heiko: Bei SOKO weiß man nie genau Bescheid. Da ist sogar mal 'ne Frau von der Polizei gestorben, oder die Verbrecher laufen dann noch frei rum.

Marco: Bei SOKO sind die Männer immer so steif. Bei Harry Fox ist das alles viel lockerer, die laufen viel lockerer rum.

Steffen: Bei SOKO denkt man immer, das könnte so sein.

Nils: Und dann ist da auch viel Sexualität drin, Kloppereien und so. Das ist brutal.

Marco: Viel zu brutal.

Nils: Das ist brutal, das ist richtig brutal. Ja und einmal hab ich sogar 'ne nackte Frau gesehen und wie sie jemand vergewaltigen.

Heiko: Und dann prügeln sie doch so richtig.

Steffen: Das ist einfach zu brutal. Da packen sie die einen an die Haare, und dann sagen sie, los, spuck aus, und dann drücken sie so lange, bis der wieder was sagt.

Nils: Bei Tatort oder so, da schießen sie ins Gehirn . . . und da brauch ich trotzdem keine Angst zu haben. Bei Tatort sind nicht so viele, bei SOKO sind jetzt so ganz viele Leute und mit so ganz vielen Detektiven, das ist nicht gut.

Undurchschaubarkeit, Brutalität und Sexualität sind drei zentrale Aussagen dieses Gesprächs. Auf Undurchschaubarkeit reagieren die Schüler hilflos, so daß sie sich nicht risikolos auf die emotionsgeladenen Szenen von «SOKO» einlassen können. «SOKO» greift aus der Sicht der Schüler sehr konkrete Konflikte auf und weckt damit «Empfindungserinnerungen», legt ständig Bezüge zur eigenen unbefriedigenden und unsicher machenden Realität nahe. Das dokumentiert sich in dem immer wiederkehrenden Satz: «Das ist zu brutal.» «Brutal» meint hier realistisch, angstbesetzt und konkret. Die Handlung in «SOKO» erinnert an eigene Persönlichkeitsanteile und deren Ambivalenz: einerseits setzen diese Schüler ständig ihre Körperkraft ein, um sich und ihre Interessen durchzusetzen. Andererseits verlangen Lehrer und Eltern die Zähmung zerstörerischer und gewalttätiger

Anteile, stellt dieser Alltag den Autonomiegewinn, der sich für die Schüler über Gewalt dokumentiert, unter Strafe. So führt denn die filmische Darstellung von wirklichkeitsnaher Körperlichkeit, Vernichtung und Gewalt zu erheblicher Verunsicherung. «SOKO» verängstigt die Schüler auch im Umgang mit der Sexualität. Sexuelle Szenarien sind einerseits faszinierend, andererseits werden sie aber als eher bedrohlich abgelehnt.

### Fernsehen macht keine Schläger

Die verschiedenen wissenschaftlichen Deutungsversuche über den Zusammenhang von Mediengewalt und Aggression sind eher hilflos. Am ehesten läßt sich meines Erachtens mit der Lerntheorie arbeiten. Gleichwohl ist auch sie keine «Zauberformel» (so der Medienwissenschaftler Michael Kunczik), die simple Ursache-Wirkung-Zusammenhänge liefert und sich damit für die Begründung medienpädagogischer Maßnahmen eignet.

Zunächst einmal unterscheidet die Lerntheorie, die vor allem vom amerikanischen Psychologen Bandura entwickelt wurde, zwischen dem Erwerb und der Ausführung eines vorgeführten Verhaltens. Bei der Aneignung von Situationen und Szenarien spielen Aufmerksamkeitsprozesse und Bedeutungszuweisungen eine wichtige Rolle. Solch Prozesse und Zuweisungen sind abhängig von Person und Umwelt, genauer: Individuen und Umwelt bedingen sich gegenseitig. Was den Erwerb von Verhaltensweisen anbetrifft, kann die im Fernsehen gezeigte Gewalt durchaus eine Rolle spielen, dies immer dann, wenn klar wird, daß Gewalt sich lohnt, wenn man sich nicht erwischen läßt. Die Fernsehdramaturgie mit ihrer Dynamik verschafft den Gewaltszenarien und Aggressionshandlungen zusätzliche Aufmerksamkeit, erhöht die Attraktivität des Handlungsumfelds.

In vielen wissenschaftlichen wie alltäglichen Diskussionen wird allerdings kurzschlüssig von den in den Medien vorgeführten Inhalten, Situationen und Modellen auf eine entsprechende Wirkung beim Zuschauer geschlossen. Solche Entsprechungen gibt es nicht. Denn ob ein angebotenes Modell als aggressiv eingeschätzt wird, hängt von einer Vielzahl von Faktoren ab (z. B. dem Geschlecht, dem Alter, kulturellen Traditionen und Handlungsmustern, erworbenen eigenen Vorlieben, familiärer Umwelt etc.)

Wenn man der Lerntheorie folgt, so muß man nach Michael Kuncik auch anerkennen, «... daß Handeln durch Denken kontrolliert wird, daß verschiedene Beobachter verschiedene Merkmalskombinationen von identischen Modellen übernehmen und auch zu neuen Verhaltensweisen kombinieren können». Es bestehen generell keine positiven Beziehungen zwischen dem Konsum von medial inszenierter Gewalt und dem aggressiven Handlungspotential beim Kind – wenn auch durch Fernsehgewalt niemand friedlicher wird. Allerdings mag es in konkreten Einzelfällen positive Zusammenhänge geben.


## «Zeichentrickfilme sind einfach nur brutal»

In Gesprächen über Mediengewalt erlebe ich ähnliche Vorurteile, wie sie weiter oben schon im Zusammenhang mit kindlichem Fernseherleben und mit kindlichen Ängsten geschildert wurden: Von der Quantität an Gewaltdarstellungen wird mechanisch auf mögliche Auswirkungen auf den kindlichen Zuschauer geschlossen. Dabei haben zahlreiche Untersuchungen gezeigt, daß beispielsweise Kinder wesentlich weniger Gewalt wahrnehmen als gesendet wird. Die Wahrnehmungsmuster von Erwachsenen und Kindern werden gleichgesetzt. Untersuchungen verweisen jedoch darauf, daß Kinder die Fernsehgewalt wesentlich differenzierter wahrnehmen, als allgemein vermutet wird.

Angst, Verunsicherung, aber auch überzogene motorische Akte werden bei kleineren Kindern häufig nicht durch Inhalte, sondern durch die Dramaturgie ausgelöst. Geräusche oder Musik haben ebenso kurzfristige emotionale Auswirkungen wie eine extrem schnelle und dynamische Dramaturgie; ob eine Szene als gewalttätig bezeichnet wird, hängt entscheidend vom Genre ab. So können Kinder Schüsse im Western oder überzogene Gewaltakte in Zeichentrickfilmen distanzierter aufnehmen als die strukturelle Gewalt in Familienserien, weil Schießen, Schlägereien zum Western und zum Zeichentrickfilm gehören.

Gewalt und Aggression ist für einen Großteil der Kinder dann akzeptabel, wenn die Szenen wirklichkeitsfern sind – insbesondere im Zeichentrickfilm. Umgekehrt formuliert: Je näher ein Modell sich dem Alltag annähert, um so eher werden solche Szenen als Gewalt empfunden. Dies gilt medien- und genreübergreifend. Auch wenn viele Kinder die Gewaltszenarien der Zeichentrickfilme nicht als

Grausamkeit oder Brutalität wahrnehmen, sind emotionale Reaktionen zu beobachten:

– So können übermotorische Verhaltensweisen im Anschluß an die Sendung auftreten. Die erhöhte emotionale Erregung ist aber nur selten eine Folge der Inhalte, vielmehr eine der Dramaturgie.

– Empathische, d. h. mitfühlende Reaktionen kommen ebenfalls vor. Solche Aneignungsmuster haben ihre Hintergründe in den aktuellen bzw. lebensgeschichtlichen Konstellationen eines Kindes.

– Emotionale Verunsicherungen und Ängste können längere Zeit anhalten. Entscheidend ist, daß diese Gefühle von Kindern artikuliert werden. Sie sollten dann von Eltern aufgegriffen und in einen gemeinsamen Dialog überführt werden. Dabei ist auf Belehrungen oder Schuldzuweisungen zu verzichten. Die Beliebtheit von Zeichentrickserien weist darauf hin, daß vor allem die «gewalttätige» Dramaturgie Kinder in den Bann zieht: angefangen von einer unerwarteten Handlungsfolge über die Aufhebung physikalischer Gesetze, die Allmacht von Kindern und ihr ständiger Sieg über Erwachsene, eine andauernde Bewegung, Dynamik und Action bis hin zur ständig präsenten Geräusch- und Musikebene. Die Inhalte werden vor allem auf einer vorbewußten Ebene wahrgenommen bzw. erlebt. Gleichwohl haben sie ihre lebensgeschichtliche Bedeutung, wie ein Vergleich von «Tom & Jerry» mit «Heidi» zeigt. Dabei wird dann auch deutlich, daß die in «Heidi» und «Tom & Jerry» bearbeiteten Konfliktkonstellationen immer dann in Ängste umschlagen, wenn sie zu nahe am Alltagserleben der Kinder sind.


## «Tom & Jerry»

«Tom & Jerry ist doch nur lustig. Da ist doch was los. Ist doch richtig super, wenn die Maus gewinnt, wenn die eben klüger ist. Aber ich denk mir, die vertragen sich doch auch. Das ist doch mehr wie Spiel und nicht Ernst . . . Meine Eltern schimpfen, weil ich das so gern sehe. Aber die verstehen das nicht . . . Angst hab ich nur vor Gespenstern oder so Tiermenschen, weil's die wirklich gibt, sagt mein Vater, die holen mich, wenn ich was ausgefressen hab.» (Mario, neun Jahre)

«Schlimm finde ich, wenn sich im Fernsehen welche streiten, Eltern eben, Mann oder Frau, na, wenn die zu Hause sind und sich streiten. Das kann auch lustig sein, aber ich kann das nicht ab. Ich denk dann immer, wie meine Eltern streiten, die sind dann ganz laut und ganz bös miteinander. Und dann reden die nicht mehr miteinander, oder mein Vater sagt, jetzt haut er ab. Da find ich Tom & Jerry besser, das ist Film, und die haben sich doch irgendwie hinterher lieb.» (Beate, acht Jahre) «Immer wenn ich das seh, kribbelt das so schön bei mit auf dem Rücken. Das könnte ich stundenlang ertragen.» (Oliver, sieben Jahre)

Ich hatte mit einer Gruppe von fünf Kindern im Alter von acht und neun Jahren in einem Hort zu tun, die sich «Tom & Jerry» wünschten. Während Dirk und Oliver tobten, lachten, verhielten sich Mario, Beate und Dennis äußerst ruhig. Kaum war die Titelmelodie verklungen, verstummten, ja versteinerten sie während der Sendung immer mehr. Mario saß da, verkrampft, ließ sich von den überschäumenden Reaktionen der anderen beiden Kinder überhaupt nicht anstecken. Als der Film zu Ende war, verließen die Kinder den Raum. Mario, Beate und Dennis ließen die stillgelegten emotionalen und körperlichen Anteile heraus. Nach einiger Zeit kamen sie zu mir und fragten, ob ich noch weitere Folgen aus der Reihe «Tom & Jerry» mithebracht habe. Als ich das verneinte, bedauerten sie das. Auf ihre für mich überraschende Aneignungsweise von «Tom & Jerry» angesprochen, zuckten sie nur die Schultern: «Das ist immer so», meinte Dennis. Am nächsten Tag kam er zu mir, er erzählte mir von den Horrorfilmen, die er zu Hause sehe, hielt mit einemmal inne und fragte dann: «Weißt du, ich hab vor Tom Angst.» – «Vor der Katze von gestern?» – «Weil die so stark ist!» – «Aber die verliert doch!» – «Aber nur im Film, in Wirklichkeit ist sie stärker.» Er machte eine Pause: «Erwachsene sind eben immer stärker. Die machen, was sie wollen. Wir Kinder können nichts machen.» «Du kannst nichts machen?» – «Wenn ich zu Haus was sag, dann prügelt er mich . . .» Mario war hinzugekommen, hatte zugehört: «Papa schlägt Mama, und manchmal würgt er sie auch. Der ist eben stärker. Aber dann geh ich dazwischen und schrei: *Laß Mama, laß Mama*. Aber der ist stärker, der stößt mich weg. Die Großen sind eben viel stärker.»

Was für die einen Kinder ein spielerisches Durchdringen und Auf-den-Kopf-Stellen von Realität, Angstbewältigung und Wunscherfüllung darstellt, ist für die anderen Kinder die Inszenierung nackter Angst. Sie können sich nicht auf den Film einlassen, die brutale Wirklichkeit holt sie immer wieder ein. Geradezu zwanghaft sehnen sie sich ein gutes Ende herbei, das die Realität aber für sie nicht bereithält. Nicht Aggression, sondern Angst breitet sich aus; Angst, die sich ihre Objekte und Opfer in schwächeren Kindern sucht. Während die einen Kinder Omnipotenzphantasien und Angst-Lust durchleben, werden die anderen mit Niederlagen und Vernichtung konfrontiert. Das Happy-End des Films stellt sich nicht ein, in den Köpfen bleibt ein offener Schluß.


## «Heidi»

«Heidi» gilt bei vielen Eltern – wohl nicht zuletzt auf Grund eigener biographischer Erfahrungen – als eine kindgemäße, familienfreundliche Sendung, weil sie weniger offene Formen von Gewalt enthält. Hier zeigt sich, wie problematisch es ist, die Perspektive des Erwachsenen mit der des Kindes gleichzusetzen und als allgemeingültigen Bewertungsmaßstab einzurichten. Zweifelsohne haben auch die Kinder ihren Spaß an «Heidi». Doch läßt sich die Beliebtheit von «Heidi» bei Kindern häufig auf Motive zurückführen, die Eltern möglicherweise nicht in den Sinn kommen. Die Relevanz des «Heidi»-Motivs für Kinder liegt darin, daß es kindliche Grund- und Konfliktsituationen zeigt, zugleich aber auch zur Auflösung und zur Entspannung bringt:

– der Verlust geliebter Personen,

– Trennungserlebnisse,

– die Unterdrückung von Gefühlen,

– die Auseinandersetzung mit «bösen» Erwachsenen.

Aus der Sicht von Kindern werden also auch in «Heidi» psychische Formen von Gewalt (Verlust- und Trennungsängste oder Loyalitätskonflikte mit den Eltern gehören zu den existentiellen und bedrohlichsten Alltagserfahrungen von Kindern) präsentiert. Sie sind aber nur deshalb auszuhalten, weil sie auf eine versöhnliche Art und Weise gestaltet sind. Wie tief das Erleben während der «Heidi»-Sendung gehen kann, zeigt sich darin, daß viele Kinder «Heidi» immer wieder sehen wollen; die Erlebnisse von Trennung und Verlust werden ständig wiederholt, und indem sie wiederholt werden, können sie, da sie immer gut ausgehen, zur Entspannung gebracht werden. Dies gelingt Kindern übergreifend aber nur bei einer gelungenen Eltern-Kind-Beziehung. Dominieren Gefühlsdefizite, ist sich ein Kind seiner positiven Gefühle und Bindungen zur Mutter nicht sicher, dann kommen die in «Heidi» inszenierten Situationen dem kindlichen Alltag sehr nahe. Dabei sind gefühlsmäßige Verunsicherungen dann besonders intensiv, wenn Ängste oder Formen von Gewalt thematisiert werden, die für die zuschauenden Kinder sehr tief «sitzen». Dazu gehört der Verlust der Eltern, von Geschwistern oder von Freunden;

dazu zählt vor allem die als Bedrohung, als Vernichtung des Selbst empfundene Bestrafung durch die Eltern. «Heidi» thematisiert, wenn auch nicht immer explizit und möglicherweise intendiert, solche Ängste. Dies vor allem deshalb, weil sie von den zuschauenden Kindern so angeeignet werden. Insofern sind Heidis Verhalten, die Erziehungspraktiken der Erwachsenen, die als Zurichtung empfundene Erziehung von Heidi, ihre Umwelterfahrung für heutige Kinder nachvollziehbar und in den eigenen Lebenszusammenhang integrierbar, ohne daß große Uminterpretationen notwendig wären. Das veranschaulicht sehr deutlich das nachfolgende Gespräch unter Kindern:

Antje: Bringt die Ratten mit herauf oder Mäuse, die Heidi.

Thomas (lacht): Die hat geschrien, die Fräulein Rottenmeyer . . .

Nicole: Und dann das mit der Schildkröte. (Alle Kinder lachen.)

Nicole (ahmt Fräulein Rottenmeyer nach): Bringen Sie sofort das Untier raus!

Thomas: Die hat gesagt, die hat wieder so angeberisch geredet: «Dich hätten die Mäuse und Ratten fressen sollen!»

Antje: Hat die Fräulein Rottenmeyer die Heidi heruntergesperrt in den Keller, da hat sie geweint, da hab ich auch geweint. Meine Oma sagt abends auch immer, wenn wir ungezogen sind: «Ich sperr euch beide in den Keller!» Da hab ich auch immer Angst.

Thomas: Das macht die doch nie. Die macht doch bloß Spaß.

Antje: Trotzdem.

Finden Kinder ihren eigenen Alltag wieder, dann ist sehr häufig eine fast suchtartige Zuwendung zu beobachten. Einerseits kommt beim Sehen das Gefühl des «Man kann es ja noch schlechter haben» hoch, andererseits weckt der Film «Empfindungserinnerungen», anders ausgedrückt: Das Kind bringt sich während des Sehens in eine unangenehme Situation, um dabei unbewußt Erfahrungen zu wiederholen, ohne sich aber des Erlebnisses konkret zu erinnern. Das Kind versucht ein Gleichgewicht wiederherzustellen, ohne auf äußere Hilfe angewiesen zu sein. Hier zeigt sich denn zweierlei:

– Die Faszination, die die Gewalt von Zeichentrickserien auf Kinder ausübt, hat viel mit ihrem Alltag zu tun. Ihre Faszination ist um so extensiver, je weniger Kinder mit ihren aggressiven Persönlichkeitsanteilen von den Eltern angenommen sind.

– Kinder binden ihre Konflikte an die Medien. Das kann aber keine befriedigende Aufhebung oder Lösung der skizzierten Konflikte bedeuten. Dazu ist vielmehr eine dialogische Aufarbeitung von Problem-konstellationen vonnöten.

## Die Angst der Erwachsenen vor kindlicher Aggression

Frau Sander berichtete in einem Gespräch davon, daß ihre neunjähri-ge Tochter Sabine in der letzten Zeit zunehmend «aggressiv» sei, sich «Seifenbomben» basteln und sie mit großem Spaß in eine gefüllte Badewanne werfen würde. «Mir macht das angst», erzählt die Mutter. «So was gibt's bei uns nicht, Bomben und dieses fürchterliche Kriegs-geschrei.» Ich bat die Mutter, ob sie nicht eine konkrete Situation darstellen könnte. Sie war einverstanden und spielte eine Szene vor, wobei sie beide Rollen (die der Mutter und die der Tochter) zu übernehmen hatte. Das Spiel nahm folgenden Verlauf: Sabine, neun Jahre, läßt Wasser in die Wanne des Badezimmers, setzt selbstgeba-stelte Papierschiffchen hinein und fängt an, Wellen zu machen. Die Schiffchen schaukeln, kentern teilweise oder lösen sich auf. Wasser spritzt auf die Fliesen. Sabine lacht, ist ganz in das Spiel vertieft. Als sie dann mit einem Stückchen Seife das letzte noch schwimmende Schiff-chen bewirft, kommt die Mutter ins Zimmer. «Was machst du denn da?» Keine Antwort. Sabine hat ihre Mutter kaum wahrgenommen. «Sag mal? He?» Stille. «Sabine!» Sabine schaut zur Mutter auf. «Ich mach grad ein Erdbeben.» – «Ein was?» – «Ein Erdbeben», antwortet Sabine wie selbstverständlich, «wie neulich im Fernsehen.» – «Wie neulich im Fernsehen?» «Im Fernsehen eben.» Sabines Stimme be-kommt einen trotzigen Klang. «Und wo?» – «Bei *Captain Future*.» – «Wie heißt das?» – «Captain Future!» – «Ach, diese scheußliche Sache, du siehst sowieso zuviel.» – «Gar nicht.»

Sabine spielt weiter. «Was hast du da in der Hand? Die ist ja ganz schmierig. Da ist ja alles ganz schmierig!» – «Eine Bombe. Eine Seifen-bombe.» Sabine fängt an zu lachen, freut sich über ihre Wortschöp-fung. «Sag mal, was hast du da?» – «Eine Seifenbombe.» Sabines Mutter reagiert entsetzt: «Eine Seifenbombe? Sabine, ich glaub, ich hör nicht recht.» Und nach einer kurzen Pause fügt sie hinzu: «Weißt du eigentlich, was du sagst?» Sabine hört auf, mit der Seife zu werfen. «Was soll das bedeuten. Ich will's sofort wissen.» Sabine erhebt sich langsam und erzählt ihrer Mutter von der Fernsehsendung «Captain Future». Die Mutter versteht weder den Gang der Handlung noch den Inhalt der Folge, da Sabine nur einzelne Bilder, vor allem aber die

Katastrophenszenen skizziert. Sabines Mutter schüttelt wiederholt den Kopf, wird unsicher und zunehmend zorniger. «Du hast doch nichts verstanden. Das schaust du dir nicht mehr an. Solch dumme Sachen verdrehen dir nur den Kopf. Ich verbiete dir das!» Sabine ist überrascht: «Warum?» – «Weil du das nicht kapierst. Du bist doch völlig durcheinander.» – «Gar nicht wahr!» – «Hörst du, Sabine.» – «Du bist gemein!» – «Sabine, hörst du! Wenn du das noch mal machst, bin ich ganz traurig. So, und nun mach hier alles sauber!» Die Mutter verläßt mit diesen Worten das Badezimmer und läßt ihre Tochter allein.

«Captain Future» ist eine Science-fiction-Reihe, in deren Mittelpunkt der gleichnamige jugendliche Held steht, der das Sonnensystem vor dem Angriff feindlicher Mächte aus dem Weltall beschützt und dabei gefahrvolle Abenteuer zu bestehen hat. Die Serie weist jene dramaturgischen und inhaltlichen Elemente auf, die Heranwachsende so attraktiv finden: eine Aneinanderreihung von Verfolgungsjagden, die für den «guten» Helden immer siegreich ausgehen; rasante Schnitt- und Bilderfolgen; eine die Handlung unterstützende Musik; ein jugendlich-starker Held, der im Kampf gegen das vermeintlich Böse oder den übermächtig Großen zwar immer sein Leben riskiert, gleichwohl am Ende die Oberhand behält. Erwachsene schütteln über solche Bilder-, Geräusch- und Musikfetzen den Kopf. Ihre Verständnislosigkeit und Unsicherheit führen nicht selten zu der Feststellung: «Das verstehen Kinder doch gar nicht», und zu Verboten.

Dabei geht es für viele Heranwachsende häufig gar nicht um das Verstehen von Fernseh-Abenteuern; die Bilderwelten werden vielmehr erlebt, ja mitunter ganzheitlich angeeignet. Wer Kinder und Jugendliche beim Fernsehen (aber nicht nur da) beobachtet, sieht, wie der ganze Körper beteiligt ist: sie zittern, halten Augen und Ohren zu, der Mund ist weit geöffnet, vieles ist in Bewegung, sie klopfen mit Füßen und Händen, wenn der listige Held den Bösen (mit Gewalt) besiegt. Wer Kinder nach der Sendung fragt, was sie gesehen haben, erfährt wenig von der Handlung. «Captain Future hat wieder mal gewonnen», lautet eine stereotype Antwort; eine andere heißt: «Das war ganz spannend.» Was Menschen von den Bilderwelten wahrnehmen oder als bedeutsam erleben, kann nun von aktuellen Begebenheiten ebenso abhängen wie von lebenszeitlich weiter zurückliegenden Erfahrungen.

So spricht «Captain Future» – aus der Sicht Sabines – frühkindlich-vorsprachliche Erfahrungen an, Erfahrungen freilich, die bis in die Gegenwart hineinreichen: Der Film macht, wenn auch symbolisch vermittelt, die Macht-Ohnmacht-Relation deutlich, die für die Erwachsenen-Kind-Beziehung zentral ist, und bietet gleichzeitig Verarbeitungsmöglichkeiten an: Das Kind, hier der jugendliche «Captain Future», triumphiert über den «bösen» Erwachsenen. Solche Konfrontation mit frühkindlichen, gleichwohl realen Ängsten wird dann als lustvoll erlebt, wenn sie sich in einem spielerisch geschützten Rahmen vollzieht, die Begegnung mithin risikolos ist. Brutalität und Gemeinheit der Verfolgungsjagden gestatten Einblicke in Ängste, Wut und Gewaltphantasien, die nur wegen des erwarteten guten Endes erträglich sind. Das Erlebnis «Captain Future» stellt sich – beobachtet man Kinder – vor allem als ein inneres dar, auch wenn es an einer Vielzahl äußerer Reaktionen ablesbar ist.

Damit symbolisiert und konkretisiert «Captain Future» (wie vergleichbare Produktionen) auf eine besondere Weise die Widersprüchlichkeiten des Zivilisationsprozesses: Wunscherfüllung, d. h. der Triumph über den Erwachsenen, gelingt nur in der Flucht vor der äußeren Realität hin zu einer inneren; die äußeren Ängste werden zu inneren, der Fremdzwang in Selbstzwang umgewandelt. Aber gleichzeitig macht Sabines Nachspiel die Wechselbeziehungen innerer und äußerer Wirklichkeit deutlich: Begreifen von Wirklichkeit geht nur über unmittelbares Be-Greifen, Anfassen, Fühlen. Sabines Aneignungslust bleibt nicht an die Medien oder den Film gebunden; sie versucht das, was der Film symbolisch vermittelt hat, für sich zu verarbeiten, denn unabhängig vom Happy-End der gesehenen Folge sind bei ihr Katastrophenängste geblieben. Dabei sind Erdbeben und Bomben für sie nicht nur eine abstrakte Bedrohung, sondern bedeuten zugleich die Zerstörung der eigenen oder anderer geliebter Personen. Indem Sabine diese Szenen immer aufs neue nachspielt, versucht sie, sich der realen Angst zu bemächtigen, sie für sich begreiflich und damit vorstellbar zu machen und gleichzeitig eigene aggressive Persönlichkeitsanteile auszuprobieren.

Gewalt entzieht sich immer mehr sinnlicher Erfahrung, sie wird strukturell, undurchschaubar, undurchsichtig. Gleichzeitig bedeutet das Auftauchen von Gewalt und Aggression – ob unerwartet in Familienserien oder absehbar in Fernsehnachrichten – eine Gefährdung von Sicherheit und Ordnung, der man mit zwei Reaktionsweisen begegnet: durch Ausgrenzen oder Abschieben (wie bei Sabines Mutter) oder durch eine faszinierte Empörung.

Häufiger sind jedoch – vor allem in bezug auf Heranwachsende und deren Medienaneignung – ausgrenzende Handlungsweisen. Sie kommen nicht von ungefähr, sind es doch Kinder und Jugendliche, die mit ihren Aneignungsstilen eine Rückkehr von nicht gewünschten und unterdrückten Persönlichkeitsanteilen, damit letztlich eine Bedrohung des Zivilisationsprozesses, vorführen. Lebt doch in der Gewalt und in der Aggression für Heranwachsende etwas auf, was verboten ist, unterdrückt werden soll, gestatten gewalttätige Aktionen und aggressive Umgangsstile eine Einheit von Erleben und Handeln, läßt sich über sie Identität und Autonomie ausdrücken. Indem Eltern und Pädagogen den offenen Umgang mit aggressiven Persönlichkeitsanteilen ausgrenzen oder unter Strafe stellen, erscheint das Streben nach Autonomie als angstbesetzt. Ausgrenzung und Bestrafung legen so den Verzicht auf unmittelbare Befriedigung und damit einhergehend ein reibungsloses Funktionieren und eine widerspruchslose Anpassung nahe.

Doch schafft die faszinierte Empörung Gewalt, Aggression und Zerstörung genausowenig aus den Medienangeboten fort wie ausgrenzende oder bewahrende Maßnahmen. Im Gegenteil: Solches Handeln führt letztlich nur zu Verdrängung, Verschiebung und Unterdrückung oder zu einem ständigen Kratzen an gesellschaftlichen Tabus. Die Bindung subjektiver Gewalt- und Aggressionsphantasien an Medien ist dafür Beleg. Dort lebt der Mensch (innerlich) aus, was er äußerlich nicht zeigen kann, dort wird in Phantasien (die manchmal doch zur realen Umsetzung drängen) das erfahren, was die Gesellschaft negativ sanktioniert hat. Solch wortlos-verklemmter Bindung von Persönlichkeitsanteilen an ein entsprechendes Medienangebot kann man nur begegnen, wenn man das Recht der Heranwachsenden auf «vorsoziale Aggression» anerkennt und verstehen lernt, daß die «Engelhaftigkeit» der Kinder eine Projektion von Erwachsenen darstellt, um eigenen Aggressionen zu begegnen.

# Kapitel 7

# Was sollen wir denn machen?

## «Maria ist fernsehkrank»

Maria, elf Jahre, war bisher, so ihre Eltern, ein «pflegeleichtes Kind».
Herr Knut ist Lehrer an einem Gymnasium. Seine Frau arbeitet als
Sekretärin. «Aber seit einem halben Jahr ist die fernsehkrank, richtig
fernsehkrank.» Die Mutter erläutert mir, was sie darunter versteht.

Maria las viel, hörte Kassetten, besaß eine ganze Menge Spielzeug.
Sie ging seit dem sechsten Jahr zum Ballett – und seit zwei Jahren zum
Reitunterricht. «Das hatte alles seine Ordnung. Und sie hatte auch viel
Spaß daran.» Damit meinte Herr Knut auch gewohnte Rituale: Da
man wegen der beruflichen Belastung wenig Zeit füreinander hatte,
legte man viel Wert auf das gemeinsame Abendessen und die Unter-
nehmungen am Wochenende. «Mein Mann macht sich da viel Gedanken. Wir gehen spazieren, ins Theater, ins Konzert, besuchen Ausstel-
lungen, machen Wanderungen, vieles eben, um Abwechslung zu
haben.»

Aber dann «schlug», so die Mutter, «der Blitz ein, von einem Tag auf
den anderen. Wir wollten sonntags los, da sagte Maria, da gibt's 'ne
Sendung im Fernsehen. Ich war wie erstarrt und dachte: Jetzt geht das
bei uns auch los.» Maria mußte auf den Märchenfilm verzichten. An
dem Ausflug nahm Maria nur widerwillig teil. Und auch an den
folgenden Wochenenden lief die Auseinandersetzung immer gleich
ab: Den Vorschlag der Eltern auf eine Unternehmung konterte Maria
mit ihrem Fernsehwunsch. Die Knuts machten einen Kompromißvor-
schlag: An Wochentagen durfte Maria mehr sehen als bisher, sogar
einmal einen Krimi um sechs Uhr.

Der Konflikt steigerte sich noch im Urlaub. Knuts hatten sich wieder ein Ferienhaus in Dänemark ausgesucht; bei der Ankunft setzte sich Maria mit den Worten «Oh, ein Fernsehgerät» sofort vor den Apparat. Als der Vater das sah, zog er seine Tochter sanft, aber bestimmt von der Glotze weg: «Im Urlaub gibt's den Kasten nicht.» Maria maulte, gab aber nach. In den folgenden Tagen war Maria alles egal. Dem Vater aber nicht; er stellte seine Tochter zur Rede: «Was willst du eigentlich?» Maria: «Fernsehen.» Mit den Worten: «Das hör sich einer an», nahm er das Fernsehgerät, trug es ins Auto und fuhr damit zum Vermieter. In Vorschläge für gemeinsame Aktivitäten willigte Maria kaum ein, den abendlichen Spielen entzog sie sich durch die Buchlektüre. Frau Knut: «Ich glaub, die wird größer.» Herr Knut: «Größer? Die hat null Bock und jemand hat ihr den Fernsehfloh ins Ohr gesetzt.»

Zurück aus dem Urlaub, «ging das Theater mit dem Fernsehen weiter», so der Vater. «Aber ich hab mich auf nichts eingelassen. Fernsehen ja, aber gemeinsam und dann, was wir auswählen, aber sonst nichts.» Frau Knut zog da mit: «Da müssen wir eben durch.» Als die Familie im Herbst nach Griechenland fuhr, kam es «zum Knall». «Wir lagen am Strand», so Frau Knut, «und Maria sagte dann, sie müsse nochmals ins Hotel, die Sonne sei so heiß. Sie kam erst nach drei oder vier Stunden wieder. Am vierten oder fünften Tag kam uns das komisch vor. Ich hinterher, und wo ging sie hin – in eine Taverne, und was machte sie dort: sie sah fern. Der lief dort den ganzen Tag. Da ist mir die Sicherung rausgefallen. Die fährt nach Griechenland, um fernzusehen.» Frau Knut stürzte in die Taverne, riß ihre Tochter weg, beschimpfte sie und zog sie mit an den Strand. Dort erklärte sie ihrem Mann die Situation. «Die ist süchtig nach dem Apparat, die ist schier süchtig.» – «Die ist fernsehkrank, einfach fernsehkrank. Also gibt's doch fernsehkranke Kinder.» Maria hatte bis dahin kein Wort gesagt, dann platzte sie heraus: «Ihr mit eurem Scheißurlaub; ihr kotzt mich an.» Frau Knut holte aus, versetzte ihrer Tochter einen Schlag ins Gesicht. Maria erstarrte, rannte weg, Frau Knut fing an zu zittern, weinte still in sich hinein; der Vater saß mit versteinertem Gesicht da. «Wir haben den Urlaub überstanden», erinnern sich die Eltern im nachhinein, «aber es war fürchterlich.» Frau Knut hatte sich bei ihrer Tochter entschuldigt, Herr Knut machte seiner Tochter dagegen Vorhaltungen, die sich immer mehr ins Lesen und Kassettenhören zurückzog.

Aus Griechenland zurück, bat mich Frau Knut, die ich von einer Elternbildungsveranstaltung kannte, um Beratung. «Wir wissen da nicht mehr weiter. Die Stimmung ist hin. Ich fürchte mich vor jedem Wochenende.» In dem Beratungsgespräch sagte Maria unter anderem: «Ich muß immer das machen, was die wollen. Immer. Die behandeln mich wie ein kleines Kind.» – «Immer geht es nach ihnen. Schon früher, wenn ich eine Freundin hatte und die sah zuviel fern, durfte ich nicht mehr da hin.» – «Ich will auch mal machen, was ich sonntags möchte. Was ich sag, das wird nie gemacht.»

Maria setzte den Fernseher ein, um Eigenständigkeit auszudrükken; sie will sich abgrenzen, distanzieren, möchte eigene Interessen leben. Kinder haben nicht über Jahre hinweg die immer gleichen Gewohnheiten – weder beim Lesen, noch beim Spielen und auch nicht beim Fernsehen. Übersehen Eltern die Veränderungen, die Reifungsprozesse ihrer Kinder, kommt es nicht selten zum Machtkampf – ein Machtkampf, der sich an jenen Symbolen festmacht, die die Eltern besonders ablehnen. Sollte sich die familiäre Fernseherziehung bei jüngeren Kindern durch Unterstützung, Hilfestellung und Festigkeit auszeichnen, sollte sie bei älteren Kindern Eigenständigkeit und Gewährenlassen in den Vordergrund rücken, was Eingriffe und Begrenzungen durchaus mit einschließt.

Maria hat ihren Eltern im Beratungsgespräch Lösungsvorschläge gemacht: Sie wolle sonntags nicht immer mit auf Reisen und auch mal fernsehen, und sie wolle auch mal alleine fernsehen oder mit Freundinnen. Das akzeptierten die Eltern; und für den Sonntag schlossen sie einen Kompromiß: Maria durfte jeden zweiten Sonntag das machen, wozu sie Lust hatte. «Aber», so Herr Knut, «wenn sie zuviel sieht? Aber was ist eigentlich zuviel?»

Ein Zuviel an Fernsehen ist schwer zu bestimmen, weil sich das für mich nicht allein an der Quantität (Anzahl der Sendungen oder Sehdauer) bemißt, sondern vor allem an der Qualität, danach, aus welchen Motiven gesehen wird (z. B. Bildung, Entspannung auf der einen, Langeweile oder Isolation auf der anderen Seite), ob eine Sendung bewußt ein- und ausgeschaltet wird und ob das Fernsehen in kommunikative Zusammenhänge eingebunden ist. Das schien mir bei Maria der Fall.

Frau Knut rief mich ein halbes Jahr später an: Es gebe keinen Kampf mehr. Maria wolle zwar mehr sehen, aber «wir können das respektieren. Und sie kommt sogar sonntags wieder häufiger mit. Das macht jetzt richtig Spaß. Ich hab ein anderes Verhältnis zu meiner Tochter bekommen. Sie wird ja doch schon erwachsen.»

## «Mein Kind soll kein Glotzer werden»

Elisabeth Martens ist halbtags als Sozialarbeiterin beschäftigt. Sie erzieht weitgehend allein, da ihr Mann als Kapitän zur See fährt. Ricardo ist fünf Jahre, Petra sieben Jahre alt. Frau Martens hat Probleme mit der Fernseherziehung ihrer Kinder; das erläutert sie an zwei Beispielen.

Petra kommt mittags nach Hause, die Mutter wartet mit dem Mittagessen. Seit einiger Zeit will Petra aber nicht essen, sondern verschwindet sofort ins Wohnzimmer, um das Programm auf SAT 1 oder RTL plus zu sehen. «Dieses Spiel», so Frau Martens, «wiederholt sich. Das ist ein Generve mit ihr. Und wenn ich hart bleibe, ist sie muffelig. Dann sagt sie gar nichts, oder das Essen schmeckt ihr nicht.»

Ricardo argumentiert in letzter Zeit immer damit: «Alle dürfen sehen, nur ich nicht. Das ist gemein von dir.» – «Und manchmal lasse ich mich dann doch erweichen, wenn ich müde bin. Dann denk ich, ach laß ihn. Aber dann bin ich auch mal wieder ganz schön hart.»

Es gibt Lebensphasen, in denen der Fernsehkonsum von Kindern zunimmt. Je älter die Kinder werden, um so breiter wird das Interessenspektrum, Kinder lernen, in der Programmzeitschrift zu lesen, hören von Freunden Hinweise auf Sendungen und wollen mithalten. So stellt der Eintritt in den Kindergarten oder die Grundschule Phasen dar, die sich auch auf die Fernsehgewohnheiten auswirken. Für Ricardo werden die Freunde als Ratgeber wichtiger. «Alle anderen dürfen, nur ich nicht» – das ist kindliche List, Nötigung und Überredungsversuch in einem. Mal abgesehen davon, daß «alle anderen» gewiß nicht «dürfen», muß diesem Wunsch mit Festigkeit begegnet werden, einer Festigkeit, die von Familie zu Familie, von Sendung zu Sendung unterschiedlich ausfällt. Entscheidend ist, daß Eltern den Kindern ihren Standpunkt verdeutlichen, Begründungen und Hinweise für ihre Haltung geben. Aber: Je älter die Kinder werden, desto mehr ist eine gemeinsame Entscheidung über die in Aussicht stehenden Sendungen notwendig. Bei Ricardo ging es um «Knight Rider», den er gern sehen wollte. Frau Martens entschloß sich, eine Folge anzusehen, um dann zu entscheiden. Sie fand die Sendung zwar «scheußlich, sagte dann aber ja». Gemeinsam schauten sie sich die Sendung an, Ricardos Interesse nahm von Minute zu Minute ab, bis er schließlich sagte: «Mach aus.» «Knight Rider» war kein Thema mehr. Als er dann den Wunsch nach einem «Derrick» hatte, sagte Frau Martens «nein» und blieb dabei. Ricardo akzeptierte diese Entscheidung.

Als ich ihn dann fragte, was ihm an der mütterlichen Fernseherziehung mißfalle, meinte er: «Mal darf ich Pumuckl sehen, mal nicht, und mit der *Agentin mit Herz* geht es genauso. Das ist komisch bei Mama.»

Die Entscheidung für oder gegen «Die Agentin mit Herz» hängt von Frau Martens' Tagesform ab, «Pumuckl» setzt sie zur Bestrafung («Wenn er mal wieder nicht alles aufessen will») ein: «Das zieht am meisten.» Nur erreicht sie damit den umgekehrten Effekt: Das Fernsehen wird erst recht attraktiv. Fernseherziehung hängt von der Tagesform ab, Frau Martens hat das eindringlich formuliert. Wenn Inkonsequenz schon nicht vermeidbar ist (und wer ist schließlich frei davon!), sollte diese den Kindern offengelegt und im nachhinein begründet werden. Nur so kann man sich vor Erpressungsversuchen schützen («Gestern durfte ich, heute nicht»).

Petras Verhalten weist auf ein anderes Problem im Fernsehalltag hin: Sie begründet ihre Vorliebe für die Mittagssendungen so: «Das Fernsehen ist spannender.» Was sie damit meine, will ich wissen. «Also, wenn ich nach Hause komm, fragt Mama, wie es in der Schule war und dabei bin ich froh, daß das gerade vorbei ist. Und Mama, wenn die abends nach Hause kommt, manchmal jedenfalls, sagt die auch, ich will von nichts mehr wissen, und setzt sich dann vor den Fernsehapparat.»

Kinder erleben häufig, wie ihre Eltern das Fernsehen zur Kompensation, zur Ablenkung oder zur Entspannung einsetzen. Stress und Fernseh-«Erholung» gehören fast schon zusammen. Da der Alltag hohe Anforderungen auch an die Kinder stellt, selbstbestimmte Aktivitäten nur noch in Maßen zuläßt, fliehen sie vor den Fernsehapparat, um mit dem Medium wegzutauchen. Ihre Eltern haben es ihnen (meistens unbewußt) vorgeführt. Petra ist genervt über die Art, wie ihre Mutter sie beim Mittagstisch ausfragt. Kein Wunder, daß sie lieber RTL plus einschaltet: Das Fernsehen geht ganz offensichtlich auf Petras Bedürfnisse ein, Frau Martens verkennt sie unwissentlich. Sie bietet nämlich kein wirkliches Gespräch an, sondern läßt sich «Bericht erstatten» – zumindest kommt das Petra so vor.

### «*Heute* ist ein unbedingtes Muß»

Ich treffe die Familie Bartels auf einem Elternseminar. Die Eltern, Hubert und Karin, sind mit den Kindern, Thomas und Rüdiger, neun und zehn Jahre, gekommen. Karin Bartels spricht zunächst den allabendlichen Fernsehbeginn an, der mit dem Abendessen in Konflikt gerät. Die Bartels, beide berufstätig, kommen spät nachmittags nach Hause, das Abendessen findet um 18.30 Uhr statt. Hubert Bartels will um 19.00 Uhr «heute» sehen, die Nachrichtensendung im ZDF. «Ein unbedingtes Muß, damit fängt der Abend für mich an.» Während des Essens soll der Apparat nicht laufen, aber «manchmal», so die Mutter, «ist es dann so, da gibt es was Wichtiges zu besprechen, und dann merk ich, wie mein Mann nervös wird. Dann geht's schnell, schnell . . . und das macht dann mich oder auch die Kinder nervös.»

In letzter Zeit waren die Konflikte heftiger geworden, vor allem weil Thomas und Rüdiger das, was ihr Vater wochentags vorlebte, sonntags nachmachten. Immer häufiger suchten sie sich Sendungen heraus, die mit dem Mittagessen nicht zu vereinbaren waren.

«Ich möchte, daß das anders wird, wenigstens sonntags», schlägt Frau Bartels vor. «Gemein», meint Thomas. In einem Familiengespräch stellt sich dann heraus, daß sich Thomas und Rüdiger ihre sonntägliche Strategie überlegt hatten, «weil Papa das sonst nicht merkt». «Aber», so Rüdiger, «eigentlich hast du's ja gar nicht gemerkt, nur Mutti ist so traurig.» Die Familie fand eine Regelung: Hubert Bartels schaut sich jetzt immer die Tagesschau an, und auch das sonntägliche Essen sollte ungestört verlaufen.

Als ich die Familie ein Jahr später wiedertraf, hatte sich das neue Ritual bewährt. Aber ein anderes Problem schob sich in der Zwischenzeit stark in den Vordergrund. Die Kinder tricksten ihre Eltern hinsichtlich ihrer Fernsehwünsche «gnadenlos» (so der Vater) aus: Das betraf nicht nur den Wunsch nach einzelnen Sendungen, sondern auch die Dauer oder das abendliche Fernsehen. Wenn Frau Bartels etwas verboten hatte, gingen sie zum Vater, umgarnten ihn («Papi, ich seh so gern mit dir fern»), oder sie tauchten Viertel nach acht zu einer Sendung auf. Meist gab es dann Diskussionen, aber Thomas und Rüdiger wußten, daß «wir bleiben dürfen. Nur lieb sein, ruhig sein, ein bißchen kuscheln, und schon werden die schwach.»

Eine Diskussion aller Familienmitglieder brachte dann Aufschluß darüber, daß sich auch Thomas und Rüdiger durch die Intervention der Eltern bei ihren Sendungen gestört fühlten: «Wenn wir so Knight Rider sehen und so, dann kommen die, setzen sich dazu und meckern. Das ist dann gar nicht mehr unser Fernsehen.»

Fernsehen in der Familie hat mit Grenzen setzen zu tun – und dies mehrfach: Die häufig hohe Sehzeit von Kindern kommt oft dadurch zustande, daß Kinder am elterlichen Fernsehen beteiligt sind, sei es nun zufällig oder ganz gewollt.

Je älter Kinder werden, um so wichtiger ist eine Absprache über die gemeinsame und getrennte Fernsehzeit. Da ist zunächst einmal das Fernsehen der Kinder, dann das der Eltern, schließlich das der ganzen Familie. Fernsehen der Kinder meint: Kinder und Eltern wählen gemeinsam Sendungen aus, die für die Heranwachsenden in Frage kommen. Gemeinsam wird die Anzahl und die Dauer bestimmt. Und es bedeutet, daß Kinder auch ihre Fernsehzeit so ausgestalten, wie sie es gern möchten (natürlich ohne die anderen Familienmitglieder zu beeinträchtigen). Dazu gehört die Absprache, nach der Sendung den Apparat auszuschalten; und gemeinsam zu überlegen, was nicht eingehaltene Absprachen für Folgen haben.

Ähnliches gilt für das elterliche Fernsehen: Auch hier setzen die Eltern die Regeln, können verlangen, nicht gestört zu werden – nur in dringenden Fällen. Kinder müssen lernen, Grenzen zu akzeptieren; genauso wie Eltern die Wünsche ihrer Kinder nach Eigenständigkeit.

Fernsehen für die ganze Familie schließlich sind Sendungen für alle Haushaltsmitglieder gemeinsam. Denn Rüdiger und Thomas wollten nicht nur stören, sondern auch zeigen, daß «das so gemütlich ist, wenn wir zusammen fernsehen». Und das Besinnen auf ein Familienfernsehen kann damit verbunden sein, nach Alternativen zum Fernsehen zu suchen. So verlegten die Bartels ihr «Familienfernsehen» auf den Samstagabend, richteten sich gemütlich ein, «aber nur dann, wenn die Sendung allen zusprach». Ansonsten spielten sie Monopoly oder andere Brettspiele.

Das Fernsehen von Eltern und Kindern schafft auch deshalb Probleme, weil keine klaren Grenzen in einer Familie bestehen und zuwenig akzeptiert wird, daß jedes Familienmitglied seinen eigenen Raum, seine Rückzugsmöglichkeiten und persönlichen Interessen haben darf. Je älter Kinder werden, um so mehr Eigenständigkeit und Autonomie brauchen auch sie, desto notwendiger werden aber auch Grenzziehungen zwischen den einzelnen oder Eltern und Kindern. Kinder erweitern schrittweise ihre Selbständigkeit, erhalten eine Privatsphäre, erfahren Distanz. «Aber wenn wir das so machen», fragt Frau Bartels, «dann besteht doch die Gefahr, daß die Kinder maßlos werden.» Den Kindern ihr Fernsehen zu belassen bedeutet nicht Gleichgültigkeit und Grenzenlosigkeit. Auswahl der Sendung, Zeitdauer und Sehzeit unterliegen einer genauen Absprache – und es muß selbstverständlich werden, daß sich alle Beteiligten daran halten. Elterliche Verbote sind dann ein ebenso massiver Eingriff wie kindliche Störungen in das elterliche Fernsehen. Die Bartels waren bereit, sich darauf einzulassen.

«Es hat langsamer geklappt, als ich zunächst dachte, aber es wurde dann insgesamt besser, obgleich das ganz schön Disziplin kostet. Mir fiel es zeitweise schwerer als den Kindern», berichtete Hubert Bartels.

## «Mütter nerven doch nur»

Frau Schwab hat vier Kinder; zwei Mädchen, achtzehn und neunzehn Jahre alt, waren schon ausgezogen; Jürgen, fünfzehn Jahre, und Torsten, sechs Jahre, leben noch im Hause. Frau Schwab ist nebenbei in der Familienberatung tätig, ihr Mann ist Arzt. Als ich sie das erste Mal traf, war sie in großer Sorge, weil Torsten schon sehr früh mit Sendungen konfrontiert wurde, die «nichts für ihn sind. Wir sehen wenig fern; Jürgen eigentlich nur Krimis, diese scheußlichen Sachen, wie heißen die noch mal, Colt für alle Fälle, na ja!» Ihre Stimme bekommt einen verächtlichen Klang. «Ein Laster muß der Mensch ja haben. Nur daß Torsten das alles mitsieht, das halte ich nicht für gut.»

Bei Geschwistern mit großem Altersunterschied gibt es dieses Problem: Die jüngeren sehen plötzlich Sendungen mit an, die der ältere Bruder früher noch nicht einschalten durfte; und sie sehen vergleichsweise mehr fern.

Bei den Kindern der Familie Bartels empfahl sich zweierlei: Jürgen sind Sendungen erlaubt, die Torsten nicht zugestanden werden. Und auch Torsten bekommt seine eigenen Sendungen. Daneben können Sendungen ausgewählt werden, die beide ansehen, wobei der Ältere die Verantwortung übernimmt. Die Schwab-Kinder wollten «Ein Colt für alle Fälle» gemeinsam sehen. Jürgen beschrieb das so: «Der kommt da zu mir, drückt sich an mich. Manchmal geht er aber auch. Dann fragt er: «Ist das jetzt spannend?» Gut, manchmal nervt er einen 'n bißchen, aber ansonsten ist das in Ordnung.» Und Torsten: «Das ist gemütlich mit Jürgen und so richtig spannend. Das ist dann unser Fernsehen. Und da freu ich mich drauf.»

Zwei Jahre später. Jürgen war seit einem Jahr in den USA. Der achtjährige Torsten ging jetzt zu Freunden, um seine Lieblingssendungen zu sehen: «Mama nervt. Das ist richtig ungemütlich, wenn wir sehen. Ihr ist das alles nicht recht. Die meckert und meckert und nervt und nervt.»

Immer wenn «Ein Colt für alle Fälle» kam, ging er zum Spielen zu Max, wie er seiner Mutter sagte. Die freute sich, weil ihr Sohn das Spiel doch wichtiger fand «als diese blöde Sendung». Torsten mußte ihr schließlich sein Geheimnis beichten, weil er sich verraten hatte: «Einmal mußte die Sendung sehr spannend gewesen sein, und da hat er mir dann alles erzählt. Aber zum Schluß hat er dann gesagt: *Aber denk bloß nicht, ich will das mit dir sehen.*

Kinder haben sehr genaue Vorstellungen darüber, mit wem sie fernsehen wollen. An erster Stelle stehen Geschwister und Freunde, weil sie solidarisch sind, die Gefühle, Verunsicherungen und Phantasien am konsequentesten respektieren. Dann folgen die Großeltern wegen ihrer Großzügigkeit und weil es bei ihnen gemütlich ist. Die Väter werden schon ambivalenter beurteilt: Während einige Kinder meinten, «Papa ist viel härter», betonen andere, «mit ihm läßt sich reden», oder er «gibt meistens doch nach».

Die Mütter werden beim Fernsehen nur ungern gesehen, weil, wie sich der fünfjährige Martin ausdrückt, «die sich zuviel Sorgen machen». Und Rita, sechs Jahre, ergänzt: «Immer ist sie dabei und redet und so. Die hat viel mehr Angst als ich.» Etwaige abwertende Bemerkungen beziehen die Kinder häufig auf sich selbst: «Wenn Mama sagt, was ist das für ein Blödsinn, den du dir da ansiehst, dann denk ich, die meint mich.» Und die Nachgespräche empfinden viele Kinder als eine Pädagogisierung des Filmerlebens. Auf meine Frage, ob die Mütter denn überhaupt nicht dabeisein sollten, meinten vor allem jüngere Kinder: «Doch, bei Vorschulsendungen. Da sind sie still, denn da können sie ja auch noch was von lernen.»

Doch noch mal zurück zu den Schwabs. Die Mutter machte sich Sorgen, «weil Torsten überhaupt nicht liest. Er spielt, hört Kassetten, bastelt, aber der liest nicht. Mit den anderen Kindern war das schön, die lasen alles, was ich ihnen vorsetzte. Torstens Zimmer ist eine einzige Bibliothek. Aber der Knabe liest einfach nicht.» Ich habe Torsten darauf angesprochen. Er zuckte mit den Schultern. Zwei Tage später kam er auf mich zu und sagte: «Du, weißt du was?» – «Nein.» – «Weißt du was, warum ich nicht lese?» – «Nein!» – «Papa liest, Mama liest, Jürgen liest, Marion, Grete lesen, alle lesen. Warum soll ich dann noch lesen. Ich spiele, das tun die nicht.» – «Hast du das deiner Mutter gesagt?» – «Nein, das merkt die doch.» – «Darf ich das vielleicht deiner Mutter erzählen?» Es kommt zu einer kurzen Pause. «Wenn du meinst, ich spiel doch weiter. Aber erzähl es ihr.» Ich empfahl Frau Schwab, Torsten in seinem Spiel, seiner Suche nach Selbständigkeit zu unterstützen, das leidige Thema «Buch» eine Zeit außen vor zu lassen. «Sie leben ihm das Buch, die Wichtigkeit des Lesens vor, das hat er erfahren und wird es auch irgendwann praktizieren.» Torsten ist mittlerweile fünfzehn Jahre, liest leidenschaftlich gerne - «aber es ist Mama immer noch nicht recht», denn er liest Computerliteratur und Musikzeitungen.


## Zehn Prinzipien der Fernseherziehung

«Mein Kind sieht zuviel fern» - ein Stoßseufzer vieler Eltern. Dabei wird dann (vor-)schnell nach Sündenböcken gesucht, *das* Fernsehen, *die* Kinder. «Das Fernsehen» kann Folge einer kritischen Lebensphase, einer aktuellen Situation sein, es kann aus mangelnden Freizeitaktivitäten oder dem elterlichen Fersehverhalten resultieren. Mir steht manche Maßnahme rund ums Fernsehen – so verständlich die Sorge um das Kind auch sein mag – zu sehr unter dem Motto: «Wie verhindere ich, daß mein Kind ein Glotzer wird.» Sie sollten jedoch in allen Situationen daran denken, welche Wünsche, Phantasien und Bedürfnisse Ihr Kind jetzt hat oder mit seinem Verhalten indirekt anspricht. Nur wenn sich das Kind als ganze Person angenommen fühlt, kann es sich entwickeln, Ich-Identität, Selbstbewußtsein und Autonomie entwickeln. Daß Eltern sich um die Zukunft ihrer Kinder Gedanken machen, liegt nahe: Stehen sie doch für Möglichkeiten, die die Eltern nicht hatten; sie werden behandelt, wie man früher traktiert wurde; sie werden in Rollen gedrängt, die man einst spielen mußte; sie werden abgelehnt, weil sie etwas darstellen, was man nicht sein möchte; sie werden hofiert, weil man sich durch seine Kinder die eigene Vervollkommnung erhofft. Idealvorstellungen bestimmen häufig die Erziehung. Alles, was da stören könnte, wird möglichst ausgeschaltet. Man nimmt Kinder manchmal nicht in ihren Möglichkeiten wahr, sondern unter dem eigenen Blickwinkel; man will nur das sehen, was man anerkennen kann.

Angst vor dem Fernsehen ist ein schlechter Ratgeber; Angst verunsichert, behindert, schränkt ein. Zweifelsohne wirft das Fernsehen Probleme auf, macht es die Familienerziehung nicht leichter. Solange das Fernsehen Gegenstand von Machtkämpfen ist, gibt es keine Lösungen. Statt dessen sollten Sie immer nach gemeinsamen Absprachen suchen, aber auch Grenzen setzen. Und wie in anderen Alltagsbereichen gilt auch für das Fernsehen: Je älter die Kinder werden, um so wichtiger ist es, daß sie selber nach Lösungen suchen; lernen, selbständig zu handeln.

Ich werde immer wieder nach Rezepten zur Fernseherziehung gefragt. Die gibt es nicht. Ich kann einige Prinzipien nennen, die Ihnen dabei helfen können, Ihren ganz persönlichen Weg zu finden.

## 1. Motive

Machen Sie sich bewußt, aus welchen Motiven die einzelnen Haushaltmitglieder fernsehen. Dabei sollten Sie zwischen überdauernden und momentanen Bedürfnissen unterscheiden lernen. Sehen Sie selbst z. B. gerade fern, weil das Ihren aktuellen Bedürfnissen entspricht, oder wollen Sie eigentlich etwas ganz anderes machen? In dem einen Fall sollten Sie zu Ihrem Fernsehbedürfnis stehen. Im anderen wäre es wichtig, adäquate Möglichkeiten der Bedürfnisbefriedigung zu finden. Wenn ein Kind extensive Fernsehwünsche hat, liegen individuelle Rahmenbedingungen zugrunde: z. B. ein kritisches Lebensereignis, eine aktuelle Situation, fehlende Freizeitalternativen oder auch das elterliche Verhalten. «Zu viel fernsehen» – das Maß ist schwer zu bestimmen. Es läßt sich kaum an der Anzahl von Sendungen oder der Sehdauer festmachen, entscheidend ist die Motivation des Zuschauers, die bewußte Wahl einer Sendung.

## 2. Fernsehverbote

Fernsehverbote helfen in der Regel wenig, sie führen eher zu einem Machtkampf zwischen Eltern und Kindern, fördern kindliche Widerstände und Proteste. Fernsehverbote haben in der Regel keinen Rückgang des Fernsehens zur Folge, sie fördern eher ausweichende Handlungen, z. B. «heimliches» Fernsehen bei Freunden oder Großeltern.

## 3. Tagesablauf

Das Fernsehen muß sich dem Tagesablauf des Kindes unterordnen und nicht umgekehrt: der kindliche Tagesablauf muß auf das Fernsehen abgestimmt werden. Die Fernsehdauer ist im Hinblick auf die sonstigen Freizeitaktivitäten zu begrenzen. Medien sind notwendige, aber nur ergänzende Freizeitaktivitäten. Das Bedürfnis der Kinder nach dem Fernsehen wird um so geringer, je intensiver sie alternative Freizeitangebote nutzen können. Zeitweise auftretende «Glotzertage» sind kein Anlaß zur Beunruhigung.

## 4. Standort

Der Fernsehapparat sollte nach Möglichkeit nicht Mittelpunkt der Wohnung sein. Ein Fernseher in einer ruhigen Ecke oder in einem Schrank mit einem Rolladen oder einer Schiebetür signalisiert, daß Fernsehen hier nicht so wichtig genommen wird. Und er bietet die Möglichkeit, daß der Fernsehende seine Sendung anschauen kann, ohne andere Familienmitglieder zu stören bzw. zwangsläufig in seine Unternehmung mit einzubeziehen.

## 5. Auswahl

Kinder sollten sich ihre Sendungen für einen bestimmten Zeitraum aussuchen dürfen. Natürlich nur dann, wenn sie überhaupt das Bedürfnis nach Fernsehen äußern. Handeln Sie aus, welche und wie viele Sendungen es sein dürfen. An die Abmachungen müssen Sie sich dann genauso halten wie Ihre Kinder. Und denken Sie daran: wenn Sie selbst nur selten den «Aus»-Knopf finden, wird das Kind auch nicht lernen abzuschalten.

## 6. Druckmittel

Fernsehen ist weder eine Belohnung noch eine Strafe und auch kein Babysitter. Falls es doch einmal dazu kommt, sollten die Eltern ihren Kindern zumindest ihre Handlungsweise verständlich machen und begründen. Nur so können sie möglichen späteren Erpressungsversuchen begegnen.

## 7. Gemeinsamkeit

Kinder sollten nach Möglichkeit nicht allein fernsehen. Sie wünschen sich vor allem Gleichaltrige oder andere Freunde als Partner, weil sie sich besser einfühlen können als Erwachsene. Dagegen werden meist Mütter als Aufpasser erlebt.

## 8. Gespräch

Gespräche über das Fernsehen müssen auf Drohungen, Moralisieren, Ausfragen oder Nicht-Ernstnehmen unbedingt verzichten. Sie sollten grundsätzlich nur in Ich-Botschaften («Ich mag nicht...) reden. Durch Verallgemeinerungen («So etwas sieht man nicht...) oder Belehrungen («Was siehst du da wieder für einen Schwachsinn») fühlen sich Kinder abgewertet und unverstanden.

## 9. Verarbeitung

Kinder sehen anders als Erwachsene; sie gehen anders mit dem Fernsehen um; sie versuchen schneller, das Gesehene durch Mimik und Gestik zu verarbeiten. Solche Verarbeitungsformen dürfen Sie wenn irgend möglich nicht unterbinden. Häufig machen Erwachsene den Fehler, ihre Kinder zum Stillsitzen und zur Ruhe vor dem Fernsehapparat anzuhalten. Kinder brauchen aber die Dynamik vor dem Fernsehapparat, um Ängste, Aggressionen und Spannungen abzubauen.

## 10. Nachbereitung

Kinder brauchen Zeit zum Nachbereiten. Die Dauer hängt allerdings vom jeweiligen Kind als auch davon ab, wie stark es von der Sendung emotional berührt worden ist. Vermeiden Sie es auf jeden Fall, die Kinder im Anschluß an eine Sendung aus- und abzufragen. Warten Sie, bis Ihr Kind von sich aus das Gespräch anbietet, hören Sie gut zu, und halten Sie mit Ihrer Anteilnahme und Meinung nicht hinter dem Berg.

Es gibt keine ideale und widerspruchsfreie Fernseherziehung. Dies ist genauso normal wie in anderen Erziehungsfragen. Versuchen Sie aber, die Widersprüche nicht zu verdecken, sondern im Dialog mit den Kindern offen zu diskutieren und auszuhandeln. Dadurch wird allen Beteiligten deutlich, daß Fernseherziehung ein gegenseitiger und gemeinsamer (Lern-)Prozeß ist. Je dynamischer und offener solch ein Prozeß ablaufen kann, um so eher nähert er sich einem ganz individuellen Ideal an.

# Brauchen Kinder das Fernsehen?

Kinder brauchen Fernsehen, so hat es Bruno Bettelheim kürzlich formuliert und damit gemeint, daß in vielen Sendungen Symbole, Situationen und Auseinandersetzungen enthalten sind, die Kinder im realen Alltag nicht ausleben können. Fernsehbilder können, so Bettelheim, Kinder bei der Gestaltung und Auseinandersetzung mit inneren Realitätskonflikten unterstützen. Das kindliche Fernsehen als Zeichen für Flucht, für Kompensation, als Mittel schöpferischer Regression - warum eigentlich nicht, wenn dazu noch weitere Aspekte einer schöpferischen und unmittelbaren Auseinandersetzung mit der Welt treten?

Natürlich weiß ich um die Einwände, natürlich ist auch klar, daß das Fernsehen für Kinder nur ein Sekundärmedium sein kann, eingebettet in eine Vielzahl von Aktivitäten – aber es ist doch so: die gegenwärtige Generation unterscheidet sich von vergangenen in Wahrnehmungsmustern und Sinnestätigkeit.

Und auch hier haben Erwachsene schnell ihre Bewertungskriterien zur Hand. Kriterien, die nicht selten in Denunziation ausarten. Nehmen wir das Schreckgespenst «Wirklichkeit aus zweiter Hand». Natürlich: Kinder erleben Medien, weisen ihnen eine hohe subjektive Bedeutung zu. Zweifelsohne spielt mediale Wirklichkeit eine bestimmende Rolle. Aber: Ist die Faszination der Wirklichkeit aus erster Hand, das unmittelbare Tun deshalb von geringerer Bedeutung (aus der Sicht der Kinder)? Begreifen geht über Greifen, der Begriff entsteht nicht über das Abstrahieren von Realität, sondern nur in der tätigen Auseinandersetzung mit der Welt und Wirklichkeit. Dies muß Kindern ermöglicht werden.

Nun hat sich die unmittelbare Aneignung von Welt verändert: Kaufen und Konsum verdrängen die eigene Produktion, der Knopfdruck ersetzt körperliche Anstrengung, die Unanschaulichkeit und

Unantastbarkeit nehmen zu. Ohne Zweifel geht mit der tätigen Aneignung von Welt Gefahr, Lebensgefahr für Kinder einher. Man muß hier nicht den Super-GAU anführen (nach Tschernobyl waren Eltern paradoxerweise froh, daß das Fernsehen die fehlenden Spielmöglichkeiten im Freien ersetzte) – die alltägliche Versteppung kindlicher Lebenswelten stellt sich feindlich genug dar. Was bleibt da häufig anderes als die Flucht vor die Glotze, der Rückzug in die faszinierende Welt der Medien, die alles, vor allem gefahr- und widerspruchslos, gestattet.

Aber selbst in der Welt des multimedialen Glitzers, der inszenierten Realität sind Elemente kindlicher Realitätsaneignung nicht außer Kraft gesetzt. Kinder setzen gegen das Unbegreifliche der Medienwelt ihre Mittel der Wirklichkeitsdurchdringung: ihre Motorik, ihre Lautstärke, ihr Nachspiel der Szenen . . .

Freilich, dies muß nicht immer nach dem Geschmack der Erwachsenen sein, die solche kindlichen Nachinszenierungen allzuoft unterbinden. Maßstab für «gutes Fernsehen» ist eben ein stillsitzendes Kind, das allenfalls noch Fragen stellen darf, die ihm dann ein wohlmeinender «Besserwisser» beantwortet.

Ich bin weit davon entfernt, ein idyllisches Bild von Kindheit oder der von Medien umstellten Kinder zu entwickeln; dafür ist Kindheit zu sehr funktionalisiert, zu sehr Systemen eingepaßt. Aber bei der Medienschelte sollten wir die Kirche im Dorf lassen: Das Verschwinden der Kindheit droht doch wohl erst zuletzt von den Medien. Und wer darüber nachdenkt und es mit seinem Nachdenken ernst meint, der sollte z. B. auch über die Auswirkungen eines verregelten Tagesablaufs von Kindern nachdenken, der kindliches Zeit- und Raumerleben einschränkt.

Medienkritik, sosehr sie häufig auch im Namen der Kinder spricht, argumentiert in ihrer Produktorientierung monokausal und – für mich – zutiefst inhuman. Eine Betrachtung des Medienkonsums, die vom Kind aus ihre Vorschläge entwickelt, steckt noch in den Anfängen. Sie stellt Kinder, ihre Bedürfnisse, ihre Interessen und Entwicklungsbesonderheiten in den Mittelpunkt, ihr geht es auch um Spaß, Klamauk, das Vergnügen, das Kinder mit den Medien haben.

Kinder können mit den Medien umgehen, Kinder brauchen Medien. Dies schließt grundsätzliche Konflikte, gravierende Probleme nicht aus. Dabei sehe ich zwei Pole, zwischen denen die gegenwärtige Kindheit eingezwängt ist: auf der einen Seite einen technologischen, auf der anderen Seite einen pädagogischen Hospitalismus. Unter ersterem verstehe ich die Behinderung kindlicher Lebenswelten und

Ausdrucksmittel durch moderne Zeitorganisation, durch vorproduzierte Bilderwelten und eine zunehmende Undurchschaubarkeit. Alles zusammen könnte kindliche Produktivität, Zeit- und Raumwahrnehmung, die Bedürfnisse von Kindern nach Zuverlässigkeit, Sicherheit und Kommunikation, ihre kulturelle Identitätsarbeit ganz entscheidend erschweren. Aber – und das ist die Hoffnung – eine Erfahrung ohne Reibung und Abarbeitung produziert immer auch Widerstände, und so wird die technologische Entwicklung ihre Widersprüche produzieren.

Durch technologische Fortschritte sind entwicklungsbedingte Besonderheiten der Kinder nicht außer Kraft gesetzt. Und hier greift der zweite Pol: der pädagogische Hospitalismus. Da werden Kinder einerseits als eine Anhäufung von Defiziten klassifiziert, die lebens- und kulturunfähig sind. Andererseits werden Kinder auf ein Ideal hin erzogen. Kindern wird das Kindsein ausgetrieben, Norm ist das domestizierte, das erwachsene Kind. Man orientiert Kinder auf eine imaginäre Zukunft hin, das Kind in seinem Hier und Heute bleibt dabei nicht selten auf der Strecke. So betrachtet stellt sich denn das Verschwinden der Kindheit nicht als medientechnologisches Problem, es stellt sich vielmehr auch als eine Konsequenz aus dem Zivilisationsprozeß dar.

Kinder wehren sich gegen beide Zurichtungen, aber das gelingt nicht immer. Denn der pädagogische wie der technologische Hospitalismus gehen Hand in Hand. Kinder weichen vor den Rationalisierungsprozessen aus - in die Welt der Medien, die scheinbar alles gestattet.

Die Konsequenz einer ganzheitlichen Betrachtungsweise des Medienkonsums von Kindern liegt für mich darin, die Frage «Brauchen Kinder das Fernsehen?» umzuformulieren in die Frage «Was brauchen Kinder?» Kinder brauchen Erwachsene, die Verständnis zeigen, die kindliche Gefühle, Phantasien und Träume annehmen, die Kinder ernst nehmen, d. h. vom Kind aus argumentieren und verstehen lernen.

Wir müssen uns nicht zu Tode amüsieren, und das Verschwinden der Kindheit stellt sich für mich auch nicht als ein medieninduziertes Problem dar. Kind- und Erwachsensein sind ganz konkret bedroht: durch Overkill, Klimakatastrophen, Gentechnologie und Umweltgifte. Kinder und Erwachsene sitzen in einem Boot, Zukunftsbewahrung ist eine gemeinsame Aufgabe.

Damit verändern sich Hierarchien und Lernprozesse, nicht zuletzt hervorgerufen durch technologische Prozesse. Kinder lernen nicht mehr alleine von Erwachsenen; Erwachsene sollten auch von Kindern lernen, man denke nur an deren produktiven Umgang mit Ängsten. Dies gelingt um so leichter, je eher Erwachsene das Kind in sich akzeptieren können.

# Literatur

Ich habe in diesem Buch auf wissenschaftliche Anmerkungen verzichtet. Ohne die Anregungen, die ich einer Vielzahl von Untersuchungen und Publikationen verdanke, wären manche Deutungen des medienbezogenen Handelns von Kindern nicht möglich gewesen. Zugleich bietet die Literatur die Möglichkeit, die im Buch angerissenen Gedankengänge zu vertiefen.

Ben Bachmair: Symbolische Verarbeitung von Fernseherlebnissen in assoziativen Freiräumen. Kassel 1984

Jürgen Barthelmes: Kindliche Weltbilder und Medien. München 1987.

Bruno Bettelheim: Kinder brauchen Märchen. Stuttgart 1987.

Bruno Bettelheim: Kinder brauchen Fernsehen. In: medien 1987. S. 38–42.

Tom Bower: Die Wahrnehmungswelt des Kindes. Stuttgart 1978.

Christian Büttner (Hrsg.): Zauber, Magie und Rituale. München 1985.

Michael Charlton/Klaus Neumann: Medienkonsum und Lebensbewältigung in der Familie. Weinheim 1986.

Deutsches Jugendinstitut (Hrsg.): Medien im Alltag von Kindern und Jugendlichen. München 1988.

Deutsches Jugendinstitut (Hrsg.): Wie geht's der Familie? München 1988.

Martin Doehlemann: Von Kindern lernen. München 1979.

Rudolf Dreikurs/Vicki Soltz: Kinder fordern uns heraus. Stuttgart 1988.

Hans-Dieter Erlinger (Hrsg.): Kinderfernsehen II. Essen 1989.

Angela Fritz: Die Familie in der Rezeptionssituation. München 1984.

Ingrid Gerhartz-Franck: Über Geschehensgestaltungen in der Auffassung von Filmen durch Kinder. Leipzig 1955.

Patricia M. Greenfield: Kinder und neue Medien. Weinheim 1987.

Ellen und Terje Hartmann: «Heidi» – «Big Henry and the Polkadot Kid» – Psychologische Analyse. München 1979 (Masch.).

Gerd Harms/Christa Preissing (Hrsg.): Kinderalltag. Berlin 1988.

Sylvia Huth: Emotionale Wirkungen von Film und Fernsehen. In: Fernsehen und Bildung 1978. Heft 3.

Sabine Jörg: Charakteristische Merkmale der visuellen Wahrnehmungsentwicklung bis zum Beginn der Schulzeit. In: Fernsehen und Bildung 1977. Heft 1/2.

Sabine Jörg: Was Bilder dem Kind erzählen. In: Fernsehen und Bildung 1979. Heft 3.

Otto Kelmer/Arnd Stein: Das Fernsehen und unsere Kinder. München 1978.

Martin Keilhacker/Wolfgang Brudny/Paul Lammers: Kinder sehen Filme.

München (1957).

Michael Kunczik: Gewalt und Medien. Köln 1987.

Gerhard Maletzke: Kulturverfall durch Fernsehen? Berlin 1988.

Klaus Neumann: Baustelle für den Identitätsaufbau. In: Medien Concret 1988.

Heft 2.

Wolfgang Schmidbauer: Die Faszination der Gewalt. In: Integrative Therapie 1984. Heft 4.

Wolfgang Schmidbauer: Die Ohnmacht des Helden. Reinbek 1981.

Claudia Schmidt u. a. : Endstation Fernseh-Sucht? Frankfurt 1989.

Eberhard Schorsch/Nikolaus Becker: Angst, Lust, Zerstörung. Reinbek 1977.

Alexander Stachiw/Georg Spiel: Entwicklung der Aggression bei Kindern. München 1976.

Arnd Stein: Mein Kind hat Angst. München 1982.

Hertha Sturm u. a. : Emotion und Erregung – Kinder als Fernsehzuschauer. In: Fernsehen und Bildung 1982. Heft 1.

Hans-Georg Trescher: Aspekte der Lebenswelt und des Fernsehkonsums der Kinder. In: Kinder–Bücher–Medien 1982. Heft 20.

Peter Vitouch: Emotion und Kognition. In: Fernsehen und Bildung 1978, Heft 3

Peter Winterhoff-Spurck: Fernsehen. Weinheim 1987

Ingeborg Zimmermann: Psychoanalytische Bemerkungen zu Kinderfilmen am Beispiel der Zeichentrickserie «Heidi». In: Fernsehen und Bildung 1978. Heft 3.

Michel Zlotowicz: Warum haben Kinder Angst. Stuttgart 1983.

Hans Zulliger: Die Angst unserer Kinder. Frankfurt 1969.

Ratgeber für den Umgang mit Kindern im Alltag – Praktische Tips, Ideen, Anregungen.

Michael Bode /
Christian Wolf
**Still-Leben mit Vater** *Zur Abwesenheit von Vätern in der Familie*
(rororo sachbuch 9762)

Christa Brauns-Hermann, Bernd M. Busch /
Hartmut Dinse (Hg.)
**Verlorene Liebe – gemeinsame Kinder** *Elterliche Sorge nach der Trennung*
(rororo sachbuch 9764)

Astrid von Friesen
**Geld spielt keine Rolle** *Erziehung im Konsumrausch*
(rororo sachbuch 9680)

Ulla Gretsch /
Babette Lissner
**Elternratgeber Computer** *Chancen und Gefahren für die kindliche Entwicklung*
(rororo sachbuch 9564)

Gunhild Gutschmidt /
Angela-Paula Heider
**Recht und Geld für Alleinerziehende**
(rororo sachbuch 9558)

Werner Haas
**Der alltägliche Erziehungskampf** *Wie Kinder Erziehung erleben*
(rororo sachbuch 9329)
**Partnerschaft mit Kindern** *Ein Ratgeber für den Erziehungalltag*
(rororo sachbuch 8579)

C. E. SCHAEFER / T. FOY DIGERONIMO

DIE ZWANZIG HÄUFIGSTEN ERZIEHUNGSFEHLER – UND WIE MAN SIE VERMEIDET

MIT KINDERN LEBEN

rororo

Egbert Haug-Zapp /
Rieke Müller-Kaldenberg
**Mütter mit Beruf** *Balance zwischen Kindern, Partner und Kollegen*
(rororo sachbuch 8748)

Charles E. Schaefer / Theresa Foy DiGeronimo
**Die zwanzig häufigsten Erziehungsfehler – und wie man sie vermeidet**
(rororo sachbuch 9712)

Andreas Schmidt
**Väter ohne Kinder** *Sorge, Recht und Alltag nach Trennung oder Scheidung*
(rororo sachbuch 9398)

Ursula Stolz
**Der kleine Ratgeber für Großeltern**
(rororo sachbuch 9679)

Ein Gesamtverzeichnis aller lieferbaren Titel der Reihe *mit kindern leben* finden Sie in der *Rowohlt Revue.* Jedes Vierteljahr neu. Kostenlos. In Ihrer Buchhandlung.

Ratgeber für den Umgang
mit Kindern im Alltag –
Praktische Tips, Ideen,
Anregungen.

Caren Adams / Jennifer Fay
**Ohne falsche Scham** *Wie Sie
Ihr Kind vor sexuellenm
Mißbrauch schützen
können*
(rororo sachbuch 8498)

Tobias Brocher
**Wenn Kinder trauern** *Wie
Eltern helfen können*
(rororo sachbuch 7950)

Sabine Friedrich /
Volker Friebel
**Trau dich doch!** *Wie Kinder
Schüchternheit und Angst
überwinden*
(rororo sachbuch 9729)

Regina Hilsberg
**"Meine Suppe eß ich nicht!"**
*Kultur und Chaos am
Familientisch*
(rororo sachbuch 9901)

Hans H. Hopf
**Kinderträume verstehen**
(rororo sachbuch 9139)

Deborah Jackson
**Drei in einem Bett** *Schlafen
mit Kind*
(rororo sachbuch 8766)

Heidi Kaiser
**So sag ich's meinem Kinde**
*Zärtlichkeit und Schmusen,
Liebe und Sexualität*
(rororo sachbuch 8750)

Anna Kettner /
Egbert Haug-Zapp
**Das Kindergartenbuch** *Was
Eltern wissen müssen*
(rororo sachbuch 8790)

Dorothee Kraus-Prause /
Jobst Kraus /
Eva Nonnenmacher
**Lexikon Erziehung** *Grundbe-
griffe zu Entwicklung,
Familie und Schule*
(rororo sachbuch 9727)

Bettina Mähler
**Geschwister** *Krach und
Harmonie im Kinder-
zimmer*
(rororo sachbuch 9316)

Heidi Mühle (Hg.)
**Wenn Kinder nach Gott fragen**
(rororo sachbuch 9561)

Cornelia Nitsch
**Das Tröstebuch** *Geschichten,
Verse, Spiele: die besten
Heilmittel gegen Kummer*
(rororo sachbuch 9902)

Dorothea und Herbert
Renz-Polster
**Radfahren mit Kindern** *Vom
Fahrradkauf bis zur
Tourenplanung*
(rororo sachbuch 9598)

Praktische Tips, Ideen, Ratschläge – Anregungen für den Umgang mit Kindern in der Freizeit.

Helga Biebricher
**Scherzfragen, Rätsel, Schüttelreime** *Vergessenes und Neues zur Unterhaltung*
(rororo sachbuch 7662)

Jorgos Canacakis /
Gerd Haehnel /
Georg Sauerland u. a.
**Wir spielen mit unseren Schatten** *Vorschläge für Familie, Freizeit, Schule und Therapie*
(rororo sachbuch 7960)

Barbara Cratzius
**Noch mehr Fingerspiele und andere Kinkerlitzchen** *Eine Wundertüte für neue Spiellust mit kleinen Kindern*
(rororo sachbuch 8574)
**Allererste Kinderrätsel** *Denkspaß für Eltern und Kinder*
(rororo sachbuch 9143)

Sharla Feldscher
**Das Spiel- und Aktionsbuch** *Spaß für Kinder, Eltern, Pädagogen*
(rororo sachbuch 8867)

Uli Geißler
**Achtung Aufnahme!** *100 Spiele für Kassettenrekorder und Kamera*
(rororo sachbuch 9582)

Wolfgang Hering
**Bewegungslieder für Kinder** *Spiele und Musik von 2–5*
(rororo sachbuch 9681)

Klaus W. Hoffmann
**Der Liederladen** *Ohrwürmer, Evergreens und neue Hits*
(rororo sachbuch 9306)

Spiele für alle Kinder und Anlässe

HUNDERTMAL
SPASS

MIT KINDERN LEBEN

ro
ro
ro

Klaus W. Hoffmann
Heidi Kaiser (Hg.)
**Spiele und Lieder zum Kuscheln und Kosen**
(rororo sachbuch 9507)

Kristina Hoffmann-Pieper
**Basteln zum Nulltarif** *Spiel und Spaß mit Haushaltsdingen*
(rororo sachbuch 7955)

Bettina Mähler /
Heinrich Kreiblich
**Bücherwürmer und Leseratten** *Wie Kinder Spaß am Lesen finden*
(rororo sachbuch 9676)

Beate Seeßlen-Hurler
**Kinderfeste** *Vorschläge für den Feierspaß von groß und klein*
(rororo sachbuch 8302)

Emil und Octavia Wieczorek
**Hundertmal Spaß** *Spiele für alle Kinder und Anlässe*
(rororo sachbuch 9904)

**Raymond Avery Moody** wurde am 30. Juni 1944 in Porterdale in Georgia geboren. Seinen medizinischen Doktortitel erwarb er 1976 am Medical College of Georgia in Augusta, arbeitete anschließend als Assistenzarzt an der University of Virginia Medical School. Von 1983 bis 1985 war Dr. Moody Forensic Psychiatrist am Central State Hospital in Georgia. Seitdem arbeitet er als niedergelassener Psychiater in eigener Praxis und lehrt zugleich als Associate Professor of Psychology am West Georgia College in Carrollton.

**Paul Perry** ist Chefredakteur des «American Health Magazine» und Dozent am Gammett Center for Media Studies. Er ist Autor zahlreicher Artikel und mehrerer Bücher über medizinische Themen.

*Dr. Raymond A. Moody*

Dr. Raymond A. Moody
*150 Menschen, die einmal im medizinischen Sinne gestorben waren und doch überlebt haben, berichten über ihr*
**Leben nach dem Tod** *Die Erforschung einer unerklärlichen Erfahrung*
rororo sachbuch 60385
Wenn das Ich den Körper verläßt – was kommt danach? Dr. Moody hat jahrelang Berichte von Patienten gesammelt, die bereits klinisch tot waren, dann aber doch weitergelebt haben und nun von ihrer Erfahrung jenseits der Grenze berichten konnten.

Dr. Raymond A. Moody
**Nachgedanken über das Leben nach dem Tod**
rororo sachbuch 60386

Dr. Raymond A. Moody / Paul Perry
**Das Licht von drüben** *Neue Fragen und Antworten*
rororo sachbuch 60387
Welche Auswirkungen hatte die Todesnähe-Erfahrung auf das spätere Leben der Betroffenen? Welche ärztlichen, rechtlichen und ethischen Folgen ergeben sich aus dem vom sterblichen Körper unabhängigen geistigen Erleben im Grenzbereich?

Dr. Raymond A. Moody / Paul Perry
**Leben vor dem Leben**
rororo sachbuch 60388
Haben wir vor unserem Leben schon einmal gelebt? Werden wir nach unserem Leben zu einem neuen Leben erwachen? Die Autoren vertiefen sich in die Fragen von Seelenwanderung, Wiedergeburt und Reinkarnation.

*rororo sachbuch*